皇位継承の歴史と廣池千九郎

所　功
橋本富太郎
久禮旦雄
後藤真生

お読みくださる皆さんへ

わが国は、はるか二千年ほど前から、ヤマト朝廷を中心に統一され始めました。それ以来、さまざまな変遷を経ましたが、今日まで一貫して続き、多くの国民から敬愛されているのは、天皇を中心とする皇室です。その第一二五代の今上陛下は、来たる平成三十一年（二〇一九）四月三十日限りで「退位」され、翌五月一日から皇太子殿下が「即位」されます。つまり父君から「譲位」を受け、第一二六代の天皇となられます。

このような御代替りに先立ち、公益財団法人モラロジー研究所の道徳科学研究センターが、平成三十年一月に開催したモラロジー研究発表会で、所《ところ》　功《いさお》（研究主幹・教授、京都産業大学名誉教授）、橋《はし》本《もと》富《とみ》太《た》郎《ろう》（主任研究員、麗澤大学准教授）、久《く》禮《れ》旦《あさ》雄《お》（研究員、現・客員研究員、京都産業大学准教授）、後《ご》藤《とう》真《なお》生《き》（モラロジー専攻塾第二十六期生、現・研究助手）の四名の研究者が「皇室の歴史と廣《ひろ》池《いけ》千《ち》九《く》郎《ろう》」と題してシンポジウムを開催しました。幸い多くの参加者から好評を賜り、また参加できなかった方々からはシンポジウムの全容を知りたいとの要望が寄せられました。

そこで、シンポジウムの内容をモラロジー研究所出版部から急ぎ刊行し、より多くの方々にお読みいただけるようにしました。四名の研究者は、口述内容を再検討し、シンポジウムの際に時間の制約のため紹介できなかった史料や実例などを加筆しました。また、参考資料として「歴代天皇の略系図」と今上陛下の平成二十八年八月の「おことば」を付載しました。

本文に詳述のとおり、「モラロジー（道徳科学）」という学問を今から百年近く前に樹立した廣池千九郎（法学博士、一八六六～一九三八）は、日本の天皇（皇室）の「万世一系とは何か」という課題に生涯をかけて真剣に取り組みました。博士が導き出した結論には、現代の私どもにはわかりづらいこと、また、説明が足りないと思われることもあるようです。それに関して、今回のシンポジウムでは、四名の研究者が個人的な見解を率直に表明しました。

それゆえ、申すまでもなく、この冊子の内容は、四名の研究者の現段階における個人的な所見を表明したものであり、モラロジー研究所の公的な見解を示すものではありません。この冊子が、読者の皆様にとって皇室について考える際の一つの手がかりになれば幸いです。

なお、研究発表会の企画と開催実務を担当した当研究センターの宗中正教授、またシンポジウムでの発表の準備とこの冊子の原稿執筆をした四名の研究者をはじめ、関係各位のご協力に対し、厚く御礼を申し上げます。

平成三十年（二〇一八）四月十日

公益財団法人モラロジー研究所　道徳科学研究センター長　犬飼　孝夫

目次

I　皇位継承史上の危機と課題（所　功）7

一、「万世一系」の研究史をたどる　12
二、「万世一系」の語源と用例を探る　18
三、廣池千九郎博士の「万世一系」観　20
四、津田・里見両氏などの「万世一系」論　25
五、「家系・血統」継承の危機と克服　27

II　廣池千九郎の国家伝統・皇室論（橋本　富太郎）51

一、道徳教育における国家伝統　54
二、大分儒学の系譜　56
三、廣池博士の学問と「国家伝統」　59
四、「道徳科学」の体系化　62
五、両陛下と皇太子殿下　69

Ⅲ　日本史上の譲位と廃位の検証（久禮　旦雄）　75
一、譲位制の成立　78
二、譲位制の整備　87
三、太上天皇制と摂関政治　88
四、太上天皇制と院政　90
五、譲位制の衰退と復活　92
Ⅳ　グリフィス博士の観た明治の「皇國」日本（後藤　真生）　99
一、ウィリアム・E・グリフィスの略歴　101
二、グリフィスの主著『皇國』と『ザ・ミカド』　105
三、グリフィスの観た明治天皇　108
四、廣池千九郎博士の皇室観との比較　111
歴代天皇の略系図　113
象徴としてのお務めについての天皇陛下のおことば（平成二十八年八月八日）　124

凡例

一、これは、平成三十年（二〇一八）一月二十七日、廣池千九郎記念講堂で開催されたモラロジー研究発表会の四研究員による共同発表のテープ起こし原稿をもとに、各人が自由に加筆した全容である。

一、文中に引用した原史料・論著等は、少しでも読みやすくするため、原文を尊重しながら、常用漢字・現代かな遣いに改め、句読点・濁点等を加え、一部意訳したところもある。

一、付載の「歴代天皇の略系図」は、所功『歴代天皇の実像』（平成二十一年、モラロジー研究所）、また末尾の現在「皇室構成」系図は、同『皇位継承・増補改訂版』（平成三十年、文春新書）から転用した。

付記

表紙〈表〉〈裏〉の絵は、国立公文書館に所蔵され、ネット公開されている「桜町殿《さくらまちでん》行幸《ぎょうこう》図《ず》」（原在明画）の一部である。〈表〉は、約二百年前の文化十四年（一八一七）三月二十二日、光格天皇（四十七歳）が譲位するため、仙洞御所《せんとうごしょ》の「桜町殿」へ移徙《いし》（遷幸）される行列の「鳳輦《ほうれん》」である。また〈裏〉は、上皇の降りられた空の鳳輦が内裏へ戻ると、紫宸殿《ししんでん》の殿上で迎えられる仁孝天皇などを描いている。

なお、この研究発表記録をブックレット化するにあたり、格別尽力された野々村守春出版部長と安江悦子編集課長補佐をはじめ、関係各位に深く感謝の意を表する。（T）

＊表紙デザイン　株式会社エヌ・ワイ・ピー

Ⅰ　皇位継承史上の危機と課題

所　功

はじめに――皇室を実感する学び

皆さん、こんにちは。どなたもお元気で、各地からお越しくださいまして、まことにありがとうございます。私は昭和十六年（一九四二）の十二月十二日生まれ、いわゆる後期高齢者ですが、幸い健康に恵まれまして、こちらで楽しく勤めております。

すでによくご存じの皇居勤労奉仕は、満七十五歳までという制限があります。そこで昨年のうちに、最後の勤労奉仕をさせていただきたいと思いまして、長らく京都におりましたので、関西圏の知人に呼びかけましたら、六十名近くが参加しました。誕生日直前の十二月十一日からスタートするのであればよいということで、十日（日曜日）に集合し、十四日まで奉仕してまいりました。年齢制限ができてからの奉仕者としては、おそらく私が最年長になるのではないかと思います。

その四日間、たいへん好天に恵まれまして、初日は皇居の中をご案内いただき、少し働いただけですが、二日目は赤坂の御用地へ参りまして、しっかり落ち葉の拾い運びなどで汗をかき、東宮御所で皇太子殿下のご会釈を賜りました。三日目はまた皇居に戻り、東御苑を中心にしてご奉仕した後、蓮池参集所で天皇陛下と皇后陛下からご会釈を賜りました。四日目は、ちょうど宮内庁の庁舎内で開催中の職員作品展覧会を見せてもらえることになり、休憩時間に参りましたところ、何と天皇・皇后両陛下が正月の歌会始で披露された御製・御歌の御真筆などが出されており、間近に拝見することができました。しかも、最後に特製の写真など、ご褒美をいただきました。これは本当に有意義であったと感謝しています。

この機会に、三十年ほど在位しておられる天皇陛下も、また皇后陛下も、たいへんお元気であられるご様子を、目の当たりにできました。天皇陛下は少しお耳が遠くなられたようですけれども、それをさりげなく皇后陛下がサポートされます。その仲むつまじいお姿を拝見しながら、誰しも「ああ夫婦はかくありたいな」と感じました。

また皇太子殿下も、五十代後半に入られましたが、実に凛《りん》としておられ、しかも非常に優しく各団体に温かいお言葉を賜りました。妃殿下はお出になりませんでしたが、徐々によくなっておられるようです。

この八十代半ばの今上陛下から、六十歳近い皇太子殿下への御代替りが、来年の四月末日から五月の初めに行われることが、すでに内定しております。それは本当にしっかりした跡継ぎがおられるからであり、必ずやスムーズに実現されるであろうことを確信できました（詳しくはホームページ「かんせいPLAZA（http://tokoroisao.jp/）」平成二十九年十二月十七日「三度目・最高齢の皇居勤労奉仕」、のち『月刊朝礼』平成三十年三月号再録参照）。

こうした皇居勤労奉仕などをさせていただきますと、皇室が単なる歴史的・法制的な観念としてではなくて、具体的・現実的に存在していることがわかり、そこでどのような方々が、どのような思いを持っておられ、何をしておられるのかということを、わずかながら実感できるようになります。

世の中には、皇室についてかなり知識があり、議論をするような人でも、実感として皇室を知らず、畏敬《いけい》の念を持たない人が決して少なくありません。そうした意味で、今日お集まりのような人々が、みんなで勤労奉仕などに行かれたり、また各地への行幸啓をお迎えしたりされることによって、皇室のこと、天皇・皇后両陛下のことを実感的に受け止められることは重要です。こういう方々のお気持ちを可能な限り学び取ることが、非常に大切であろうと存じます。

さて今回、研究発表のテーマを、あえて「皇位継承史上の危機と課題」とさせていただきました。皇位の継承というのは、古代から現代に至るまで、必ずしも平穏に続いてきたのではありません。むしろほとんど危機の連続であります。平たく言えば、危ない綱渡りをしながら、ようやくつないでこられたのです。

そのことをしっかりと認識しないで、観念的に「日本の国体はすばらしい」とか「万世一系は永遠不滅だ」などと言うのは、一種の幻想にすぎません。そんなことでは、何ゆえに日本の国体（国柄、国家の在り方）が世界に冠たるものと言い得るのか、また結果的に「皇室は万世一系で続いてきた」と言えるのかが、ほとんどわからなくなってしまうおそれがあります。これまで平穏に続いてきたのだから、これからも自然に続いていくだろうと、錯覚してしまいがちですが、そうではありません。

私は歴史家でありますから、皇位の継承に関するいろいろな史料を見てまいりました。すると、その実態ははなはだ厳しい状況をつないでこられたことがわかります。したがって、これからもよほど覚悟して、皇室が続いていくようにしていかないと、「国体」も「万世一系」も、衰えるどころか消えてしまうかもしれません。

そういう問題意識を皆さんと共有する必要があると考え、あえて「危機」という表現を使いました。決してオーバーに言っているわけではありません。あえて申せば、日本の皇位継承史は危機の連続であった。けれども、その危機をどうして乗り越えてこられたのかという史実を振り返ってみる必要があります。

一、「万世一系」の研究史をたどる

今日、ほとんどの人が「日本の天皇（皇室）は万世一系」だと言われます。しかし「万世一系」という熟語が昔からあったわけではありません。幕末維新のころから使い始められた言葉です。

また、それは極めて重要な原則ですが、物理のような原理ではありません。原理というのは、絶対に変わらない客観的な存在だとすれば、原則というのは、歴史的にも現実的にも妥当性を持つが、そうでないことも例外的に認める可能性を持つものです。

それでは「万世一系の天皇」というのは、日本の国体（国柄）の原理なのか原則なのか、これは重大な問題でして、単純に言い切れませんが、私は原理に近い原則だと考えております。

この点、明治の先学たちも、本当はよくわからなかったのではないか、少なくともよくわかるように説明できていませんでした。だからこそ、廣池千九郎《ひろいけちくろう》先生は井上頼圀《いのうえよりくに》博士から「万世一系とは何か」ということの解明を課題として与えられ、それに生涯取り組んでこられたのです。その研究成果が廣池先生の著作にいろいろな形で説明されています。

けれども、それですべてわかったというわけではありません。むしろ今の私どもは、廣池先生が書いておられることを丹念に読み直し、それにしっかり検討を加えて、真相の解明にいっそうの努力をしなければならないと存じます。

そこで、このテーマを再検討するには、研究史を振り返る必要があります。私は歴史家ですから、どのようなことを研究するにも、そのテーマについて、従来どんな史料があるのか、どんな論文や著書があるのかを、可能な限り調べるところからスタートします。

「万世一系」という言葉は、戦前の反動で戦後あまり使われなくなり、使うとすれば批判的・否定的に用いられてきました。とはいえ、戦後の被占領下でも、これを肯定的・積極的に説明しようとした有識者がいなかったわけではありません。

その一人が、津田左右吉《つだそうきち》博士です。津田左右吉と言えば、日本で最も古い歴史書の『古事記』や『日本書紀』を、大正時代から徹底的に批判してきた人であります。しかし、この方は、決して日本の歴史を否定したり非難したりするために、そういうことをされたわけではありません。今から千三百年も前にできた『古事記』『日本書紀』は、いったい何に基づいて書かれているのか。それはどこまで本当なのか。それは何を意味するのかということを、文献学的・思想史的に研究されたのです。

もともと東洋史、特に漢籍にお詳しい方です。日本で古代人の書いたものの多くは中国の古典に拠《よ》っておりますから、それとの比較により、『古事記』『日本書紀』を徹底的に批判されました。この方が、戦後、皇室を大事にしていかなければならないということをはっきり述べられたのは、昭和二十年の敗戦後まもないころからです。

岩波書店は『世界』という雑誌を昭和二十一年(一九四六)正月号から出しました。その『世界』編集部から頼まれて書かれた論文があります。その編集者は、あえて名前を出しませんけれども、当時七十二歳の津田博士に皇室を批判するような論文を書いてほしい、と考えて頼んだようです。戦争に負けたのは『古事記』『日本書紀』を礼賛し、戦意を鼓吹しておった人々のせいだ、ということを書いてほしかったのでしょうか。

ところが、津田博士から送られてきたのは「建国の事情と万世一系の思想」という論文です。ずいぶん長いものですが、要するに、日本の建国はどのような事情で成し遂げられたのか、また「万世一系」はどうして可能になったのかということが、論理的・実証的に書かれています。もちろん、今では批判すべき余地がありますけれども、この時期にこういうテーマの論文を書かれたのは、学者として勇気のいることであったと思われます。

次いで里見岸雄という方が、昭和三十六年(一九六一)、六十四歳で『万世一系の天皇』(錦正社）という題の大著を出しておられます。この方は、昭和十一年に「日本国体学会」を設立され、戦後もずっと指導を続けてこられました。かなり実践的な政治運動までされましたが、中心は国体の研究です。少なくとも、本書はたいへん参考になります。

さらに奥平康弘という方は、私などとまったく思想の違う反皇室の代表的な研究者ですが、平成十七年（二〇〇五）に七十五歳で『「萬世一系」の研究』（岩波書店）という本を出しておられます。これは「天皇制」を批判する立場からつくられたものですが、たいへんよく調べてあり、「万世一系」を考える上で里見博士の書物と並べて読むに値すると思います。

念のため、私は自分と考えの違う人、立場の異なる人が書いたものを、あえて読むことに努めてまいりました。そうすると、こちらの主張の問題点もよく見えてくるのです。自分ではこれで万全だと思っていたことでも、やはり批判されたら、考え直してみますと、相手の言うとおりだと思える場合もあれば、相手に対する言い方を工夫しなければならないことに気づいて、自分の考えを深めることができます。そういう意味で、あまり気分はよくありませんが、奥平教授の本などからも学ぶ点は、かなり多いと思っております。

なお、私自身の書いたものに少し触れておきます。私は平安時代の政治史（人物研究）からスタートして、宮廷の文化、特に儀式行事の研究をしてまいりましたが、元来、皇室のことに関心があり、昭和の終わりから平成の初めに書きましたものをベースにして、平成八年（一九九六）、モラロジー研究所出版部から『皇室の伝統と日本文化』を刊行してもらいました。

次いで、ちょうど今から二十年前の平成十年（一九九八）、「文春新書」がスタートする際、その第一号として『皇位継承』が選ばれ、共同通信の社会部にいた宮内記者の高橋紘氏が、私に歴史の部分を分担執筆するよう勧めてくれ、微力を尽くしました。

ちなみに、高橋さんは私と生年月日がまったく一緒です。ただ、彼はクリスチャンで、しかもジャーナリストですから、意見が違うところもありましたが、皇室への思いは共通しており、その後もいろいろな仕事を一緒にしました。

さらに平成十七年（二〇〇五）、小泉内閣のもとで皇室典範改正が問題になりまして、そのときに書いたのが『皇位継承のあり方』（ＰＨＰ新書）です。また、モラロジー研究所からお勧めいただき、雑誌に連載したものを、同二十一年、『歴代天皇の実像』としてまとめました。その上、同二十四年、野田内閣のもとで、いわゆる女性宮家が問題となったときに書いたものが『皇室典範と女性宮家』（勉誠出版）です。

そして一昨年（平成二十八年）の夏から、今上陛下の御譲位問題がクローズアップされましたので、頼まれて『象徴天皇「高齢譲位」の真相』（ベスト新書）をまとめました。また、この三月、二十年前の『皇位継承』を増補し、さらに研究所の久禮旦雄氏や橋本富太郎氏らの協力を得て仕上げた『元号――年号から読み解く日本史』（共に文春新書）が、同時に出版されます。

このように、元来専門でない私ごときが、皇室関係の研究書や一般書を世に出すようになったのは、戦後七十余年間に世の中がずいぶん変わったからです。私が大学に入った昭和三十五年（一九六〇）は、安保条約の改定をめぐる大騒動が起きました。その上ショックだったのは、あの秋過ぎ、『中央公論』十二月号に深沢七郎氏の「風流夢譚《ふうりゅうむたん》」という小説が出たことです。

どんな内容かと言えば、当時六十歳の昭和天皇と香淳皇后、その前年に結婚された皇太子・同妃両殿下などが、東京で革命戦士に首をちょん切られ、それが路上に転がるのを民衆があざ笑っている、という夢を見たと言い逃れるひどい作品です。そんなものが『中央公論』という、知性を代表する総合雑誌に載るほど、皇室を否定するような風潮が根強かったのです。

ところが、それから半世紀以上たった今日、学界でも論壇でも雰囲気が一変しています。例えば東京大学史料編纂所の本郷和人教授は、私が大学一年の昭和三十五年にお生まれです。この人が、最近相次いで『天皇はなぜ生き残ったか』（新潮新書）とか、『天皇はなぜ万世一系なのか』（文春新書）という一般向けの本を出しておられます。

このように研究史をたどってみますと、いろいろなことに気づかされます。しかし、それで天皇・皇室の「万世一系」ということが十分にわかったわけではありません。それをわれわれはどう考えるか、あらためて検討してみたいと思います。

二、「万世一系」の語源と用例を探る

前に述べたとおり、「万世一系」という言葉は、古くからあるように思われがちですが、そうではありません。私は十年ほど前、「〝万世一系の天皇〟とは何か」と題する研究ノートを書いたことがあります（平成十九年『産大法学』第三九巻第四号所載、のち同二十四年『皇室典範と女性宮家』勉誠出版収録）。

その際、先学の研究を調べてわかったことは、類似の表現として、例えば岩垣東園著『国史略』（文政九年〈一八二六〉刊）の凡例に「歴世の天皇、**正統一系、万世に亘《わた》りて革《あらた》めず**」とあります。この『国史略』は吉田松陰も愛読していますが、その松陰が従弟のために書き与えた「士規七則」（安政二年〈一八五五〉、『野山獄文稿』所収）の中に、「けだし**皇朝は万葉一統**にして……君臣一体、忠孝一致、唯だ吾が国を然りと為すのみ」と記されています。

それに次いで、慶応三年（一八六七）十月、岩倉具視（四十二歳）の提示した「王政復古議」

（「国事意見書」所収）に「皇家は連綿として**万世一系**となり……」と見えます。また明治二年（一八六九）一月、薩長土肥の藩主連名による「版籍奉還」の上表文（国立公文書館所蔵）に「**皇統一系**、万世無窮なり……」とあります。さらに明治四年十一月、米欧各国への国書に「朕（睦仁）天佑《てんゆう》を保有し、万世一系なる皇祚《こうそ》（a dynasty unchanged from time immemorial）を践《ふ》み」（『大日本外交文書』所収）と訳されています。

これを承《う》けて、明治九年（一八七六）十月、元老院編の『国憲』第一次草案に「日本帝国は、**万世一系の皇統**を以て之を治む」とあり（翌年の第二次草案も同文）、また同十三年の元田永孚《もとだながざね》著『国憲大綱』でも「日本国の人民は、**万世一系の天皇**を敬戴す……」と記されています。やがて同二十二年発布の『大日本帝国憲法』第一条に「大日本帝国は、**万世一系の天皇**、之を統治す」と成文化されるに至ったのです。

よって、これ以降の人々は、官民を問わず「万世一系の天皇」を自明の前提とし、だんだん絶対視する傾向が強くなったように見られます。しかし、英知を集めてつくった帝国憲法といえども、法文は「原則」（一般的に通用するルール）であって、時に例外も認めるから「改正」規定を設けているのでありますから、固定的な「原理」（絶対的に不変のセオリー）ではありません。

三、廣池千九郎博士の「万世一系」観

そこで、あらためて「万世一系とは何か」を検討したいと思います。まず廣池千九郎博士の著作を見直しますと、早くから「万世一系とは何か」について、いろいろ書いておられます。その第一は『伊勢神宮と我《わが》国体』（大正四年九月刊）です。これは明治の終わりに出されました『伊勢神宮』を大幅に増補し改訂を加えられたものです。序文を見ますと、すでに明治四十二年（一九〇九）ごろに考えついたことだけれども、**「万世一系の国体の生ぜし最大原因は、天祖の慈悲寛大、自己反省の偉大なる御聖徳に在る」**と言っておられます。

それを踏まえて、その後、大正から昭和にかけて考えを深められ、まとめられましたものが『道徳科学の論文』等に出ております。それを何か所かピックアップしておきます。

①「万世一系（the unbroken line of succession）ということはイモータリティ（immortality）すなわち不滅ということに当たる……第一に実体の万世一系、第二に人格の万世一系、第三に家の万世一系の三種となす」（『道徳科学の論文』第一巻第一章追加文、新版①二七頁）

つまり「万世一系」というのは不滅ということであるが、それは実体（実在）として、例えば血統と家名が続くようなことを言う。しかし、それだけではなく、人格がずっと続くこと、さらに血統と人格から成る家が続くということだ、と言っておられます。

②「万世一系と申すことは……第一、人間の血統の連綿として続くこと、第二、たとい血統は絶えても、その家名は永遠に続くこと、第三、血統・家名ともに永遠に続くこと……この第三がすなわち私のいわゆる真の万世一系であり……日本の皇室をはじめ奉り、天児屋根命《あめのこやねのみこと》の子孫（藤原氏）のごとき、天穂日命《あめのほひのみこと》の子孫（出雲氏など）のごとき、もしくは中国の孔子の子孫のごとき類《たぐい》はみな、この第三に属する」

「私のいわゆる万世一系は、高貴と永久と末弘《すえひろ》との意味を含んでおる……この高貴・末弘・永久等の性質を兼ね得るに至るのは、相当の知識を伴うた道徳実行の結果でなければならぬ」（『道徳科学の論文』第一巻第十三章下第一項、新版⑥三七五〜六頁）

すなわち「万世一系」と言い得るのは、単に「血統の連綿」だけでなく、「血統・家名ともに続くこと」である。しかも、それは「日本の皇室」だけでなく、国内では藤原氏や出雲氏など、外国でも中国の孔家等がそうである。その中で断トツに優れているのが日本の皇室だという、いわば比較文明学的な観点から万世一系を考えておられます。とりわけ、単に生物学的な血統が続いているというだけでなくて、道徳的にも高貴で永久に末弘につながり広がっていくということでなくてはいけない。しかも、それは「道徳実行の結果」だと言っておられます。

③「日本の皇室には姓氏がありませぬ。……日本の皇室は、他の個人とか、他の家とか、他の民族とかいうものと対立しておるのでなく、日本においては全く絶対的にあらせらるる……かくのごとき尊き御家柄を御構成あそばされた真の原因は……その御祖先たる天照《あまてらす》大神《おおみかみ》の絶大なる御聖徳と歴代天皇の最高道徳とによりて成り立ったもので、いわゆる大積善の余慶《よけい》である」(『道徳科学の論文』第一巻第十三章下第二項、新版⑥三七六〜七頁)

これは重要な指摘でありまして、単に万世一系ということならば、他の氏族にも外国にもあり得る。けれども、日本の皇室が格別に優れているのは、一般の有力者らに賜る「姓氏」が、与える主体の皇室には必要ないのです。つまり、皇室は比較級のナンバーワンではなくて、超越的なオンリーワンなのです。しかもその皇室は、神話(神代史)上の天照大神から歴代天皇に至るまで「道徳の実践者」であられることこそ重要であり、その道徳的な積善が受け継がれて今に及び、将来につながるのだと言っておられます。

もう一つ、注目すべきは、日本の皇室だけでなく、次のように外国の王室の在り方も視野に入れて、相対的な評価をしておられることです。

④「英国の現王室は……男系女系相混じ、且つ二たび姓を変えた……しかしながら、その血統は連綿としていまに御続きあそばしておらるる……その王室の道徳の御卓越は、われわれ外国の臣民をしてこの裁判上の用語たるジャスティス（justice）を道徳的に考えさするほどの大きい力を有せさせ給うておる」（『道徳科学の論文』第一巻第十三章下第三項、新版⑥三七八～八〇頁）

この当時は、皇室典範により、皇位の継承は「男系の男子」に限定されていましたが、英国の王室では男系男子がいないと女王を立て、お婿さんを取るような形で「血統は連綿として」おり、いわば男系と女系が相混じていること、それでも王室の特性と言うべき道徳の卓越性があるからこそ「大きな力」を持ち得ているのだということを、きちんと述べておられます。

さらに、廣池博士のご著書として重要なのは『日本憲法淵源論《えんげん》』（『廣池博士全集』所収）であります。この中で、次のように論じておられます。

⑤「天照大神は……之（素戔嗚尊《すさのおのみこと》の暴行）を見て、畏《かしこ》み玉い、天の岩屋を閉じて刺し籠《こも》り玉えり。……天祖の素尊に対して発現し玉える御心事御態度は……慈悲寛大・自己反省の御聖徳と称え奉るべきものにして……之によりて挙国の人心統一せられ……万世一系の基礎、自ら確立するに至れり。……実に我万世一系の国体の淵源は……崇高偉大の道徳的基礎の上に存する」（『廣池博士全集』④四三八〜四五頁）

これは『伊勢神宮と我国体』で明示されて以来、廣池博士の「万世一系」論にとって中核をなす卓見であります。道徳なくして万世一系はあり得ないということを、明確に述べておられます。日本の憲法の根幹をなす「万世一系の国体の淵源」には、このような「道徳的基礎」がなければ成り立たない、と言っておられるのは、まことに重要だと思われます。

四、津田・里見両氏などの「万世一系」論

　以上、廣池先生のお考えを祖述してまいりました。けれども、戦後このような万世一系論は、ほとんど顧みられなくなってしまいました。とはいえ、まったくないわけではありません。

　その一つは、津田左右吉博士が昭和二十一年（一九四六）の正月早々に書かれ、『世界』四月号に載った「建国の事情と万世一系の思想」です（同二十二年『日本上代史の研究』に付載。平成十八年、岩波文庫『津田左右吉歴史論集』収録）。

　この中で、一世紀から五世紀ころに至る「建国の事情」（歴史的経緯）を詳しく解説した後、「日本の皇室は日本民族の内部から起って日本民族を統一し、日本の国家を形成してその統治者となられた」のであるから、「国民的結合の中心であり国民的精神の生きた象徴であられるところに、皇室の存在の意義がある」、それゆえ「皇室は国民と共に永久であり、国民が父祖子孫相《あい》承《う》けて無窮に継続すると同じく、その国民と共に万世一系なのである」と述べるのみならず、「国民みずから国家のすべてを主宰すべき現代においては、皇室は国民の皇室であり、天皇は〝われらの天皇〟であられる。〝われらの天皇〟は、われらが愛さねばならぬ。……二

千年の歴史を国民と共にせられた皇室を……その永久性を確実にするのは、国民みずからの愛の力である」とまで訴えておられます（岩波文庫本三一九〜三二一頁）。

次いで昭和三十六年（一九六一）、「日本国体学会」を主宰する里見岸雄博士が『万世一系の天皇』（錦正社）という大著を出されました。この著書で注目すべきは、「万世一系の意味」（要件）、そして「天照大神正統の御子孫の一系であるということ」を重視しながら、それは「直系でも傍系でも同一の血統である限り、万世一系」であり、しかも単に「家系・血統」だけでなく、「道義・精神の面に於ける天皇の任務を垂れ、その任務を果たす業の連綿不断たることを万世一系の観念の不可欠の一要素とする」と記されています。つまり、廣池博士と同様、「家系・血統」と共に「道義・精神」の要素を欠いてはならないとしておられるのです。

なお、平成十七年（二〇〇五）に奥平康弘という東大の憲法学者が、岩波書店から『「萬世一系」の研究』という論文集を出しています。この方（一九二九〜二〇一五）は、早くから「天皇制」否定論を唱え、この本もそれを基調としていますが、参考になる指摘も少なくありません。

さらに近年（平成二十二年）、東大史料編纂所教授の本郷和人氏が、一般向けに書かれた『天皇はなぜ万世一系なのか』（文春新書）を見ますと、古くから「世襲は徳行にも、才能にも優越する」という考えがあった。けれども、中世から「徳の尊重」「血より家」という考え方が強くなり、結果的に「連綿と続いてきた」のが「万世一系」だと論評されています。

これらの「万世一系」論には、それぞれ意義があります。ただし、これで説明ができているかというと、津田博士にしても、本郷教授にしても、何か物足りません。むしろ里見博士が、万世一系の意味は「天照大神正統の御子孫の一系であるということ……直系でも傍系でも同一の血統である限り、万世一系」であること、また「単なる家系・血統」だけでなく「道義・精神の面に於ける天皇の任務を垂れ、その任務を果たす業の連綿不断たることを万世一系の観念の不可欠の一要素とする」と言われているのは、廣池博士の見解とも通ずるところがあります。

五、「家系・血統」継承の危機と克服

このように「万世一系」と称される日本の天皇（皇室）は、一方で「家系・血統」が連綿と続いていること、他方で「道義・精神」が連綿と続いていること、の両方が備わっているからこそ、「万邦無比の国体（国柄）」を示すものと評されてきたのでありましょう。

したがって、私どもが天皇（皇室）の来歴を振り返り、その将来を考えていくには、この両面をしっかり見据えなければなりません。特に廣池博士は「万世一系の国体の淵源は……道徳

的基礎の上に存する」と強調しておられるのですから、天照大神の神話から感得された「最高道徳」を、歴代天皇が継承するよう努力され実践してこられたのは、極めて重要であります。

ただ、その一端は拙著『皇室に学ぶ徳育』（平成二十四年、モラロジー研究所）などに書かせてもらいました。そこで今日は、あえて皇室の「家系・血統」がどのように継承されてきたか、とりわけその継承が困難な危機に直面した際、それをどのように克服してこられたかを中心に、顧みておきたいと思います。

（一）記紀神話の「皇祖」「皇孫」と「神勅」

日本の皇統（皇室の系譜）を考えるときに重要なことは、それが記紀の伝える神代史に始まるという点です。現在も昭和二十二年公布の「皇統譜令」に基づき宮内庁と法務省に保管される「皇統譜」の「大統譜」は、「天照大神」を「世系第一」とし、また「神武天皇」を「世系第六」「皇統第一」としています。

すなわち、皇室の始祖としての「皇祖」は天照大神ですが、この大神は「大日孁尊《おおひるめのみこと》」（『日本書紀』）とか「天照す日女之命《ひるめのみこと》」（『万葉集』、柿本人麻呂の歌）などと称されていますとおり、女神と見られます。しかも『古事記』では、弟神の速須佐之男命《はやすさのおのみこと》と「物実《ものざね》」を取り交わして「生《あ》れなせる五柱の男子」は、天照大御神が「自ら吾が子なり」と認められ、また『日本書紀』の本文では、素戔嗚尊が姉神の「御統《みすまる》」により「五男」を生まれたが、天照大神は「物根《ものざね》」が「吾が物」だから「五男神は悉く是れ吾が児なり」と見なし、「乃ち取りて子養」されたとあります。

この五男神の長兄が「天忍《あめのおし》穂《ほ》耳尊《みみのみこと》」（世系第二）であり、その後継者が「皇孫《すめみま》」の「瓊《に》瓊《に》杵《ぎの》尊《みこと》」（世系第三）とされています。したがって、天照大神は単なる女神でなく母神であり、しかも『日本書紀』の「子養」を「子として養う」いわゆる「養子」と考えてよければ、太古の王室では近親の養子による相続も行われていた遺風の表れかもしれません。

さらに『日本書紀』の一書では、天照大神がその「皇孫」を高天原から降臨させる際、「葦《あし》原千《はらのち》五《い》百《ほ》秋《あき》之《の》瑞穂国《みずほのくに》は、これ吾が子孫の王《きみ》たるべき地《くに》なり。よろしく爾《いまし》皇孫、就《ゆ》きて治《しら》せ。行《さき》くませ。宝祚《あまつひつぎ》の隆《さか》えまさんこと、まさに天壌《あめつち》と窮《きわま》り無かるべし」との勅を賜ったということは、重大な意味を持っています。なぜなら、わが瑞穂国日本で「宝祚」（皇位・皇統）を継承できる「王」（大王＝天皇）は、「皇祖」天照大神から神勅を承った「皇孫」瓊瓊杵尊のような「吾が子孫」でなければならない、と明示されたことになるからです。

『日本書紀』の神代紀には、天照大神の神勅として、これ以外に二つ挙げられています。その一つは、大神が手に宝鏡を持ち、天忍穂耳尊に授けて「吾が児《みこ》、この宝鏡を視《み》まさんこと、まさに吾を視るがごとくすべし。ともに床を同じくし殿を共にして、斎鏡《いわいのかがみ》と為すべし」と命じられています。もう一つは「又勅して曰《のたまわ》く、吾が高天原にきこしめす斎庭《ゆにわ》の穂《いなほ》を以て、また吾が児に御《まか》せまつるべし」と仰せられています。

この前者によって、天照大神の子孫と信じられる歴代天皇は、神勅の「宝鏡」を「斎鏡」として宮殿の中に祀《まつ》ることが必要であり、皇位と神鏡（神器）が一体でなければならない、という在り方の原点がわかります。また後者によって、弥生以来の稲作は、太陽のように偉大な皇祖から皇孫に伝授されたものでありますから、それを受け継ぐ歴代天皇は、毎年の新嘗祭などを営んで大事にしなければならない、という理由がわかります。

かように天照大神の三神勅は、その子孫である歴代天皇による世襲統治の根拠と、それを立証する神鏡祭祀の根拠と、そのもとで生きる日本人に不可欠な稲作生産の根拠を、統合的に示されたものと見られます。

(二) 皇位継承の危機対応——古代・上代

そこで、この天照大神から数えて六世孫の神武天皇を初代とする歴代の皇位継承史を、それが重大な危機に陥った時期に限って振り返り、それをどのように克服してきたのか、ごく簡単に検証したいと思います。

まず大和朝廷（ヤマト王権）は、およそ西暦一世紀初めころ、九州より畿内へ東征された神武天皇のもとで基盤がつくり始められ、三世紀前半の第一〇代崇神天皇から五世紀中ごろの第二一代雄略天皇のころまでに、日本列島内を統一するだけでなく朝鮮半島にまで勢力を及ぼすほどになった、と見られます。

しかし、雄略天皇の皇子の清寧天皇は病弱で皇嗣《こうし》を得られず、地方に隠れていた再従兄弟《またいとこ》を捜し求めて擁立されたのが、顕宗天皇・仁賢天皇です。けれども、次の第二五代武烈天皇は、五〇六年に崩御のとき、「男（皇子）も女（皇女）も無く、継嗣《みつぎ》絶ゆべき」状況にありました。そのため、越前にいた応神天皇の五世孫が捜し出され、第二六代継体天皇として擁立されました。けれども、大和の豪族らの反対に遭い、前帝の妹の手白香皇女《たしらかのひめみこ》を后妃として迎えてから、ようやく受け入れられたと言われています。

このケースは、皇位の継承者は皇統血縁の男子でなければならない、という慣習がすでに当時確立していたので、前帝から九世離れていても、応神天皇の五世孫であるがゆえに擁立され得たものと考えられます。

次いで、第二九代の欽明天皇（在位五三九～五七一）は、多大な治績を上げられましたし、その皇子が三人も次々皇位に即《つ》かれました。しかし、その間に勢力を拡大した蘇我氏によって、崇峻天皇（在位五八七〜五九二）が暗殺されるという悲劇を生じました。

そこで、そのころ皇子は何人もいましたが、重臣たちの協議により推し立てられましたのは、欽明天皇の皇女であり、異母兄敏達天皇の皇后でもあられた三十九歳の額田部《ぬかたべ》皇女＝第三三代推古女帝（在位五九二〜六二八）にほかなりません。

この六世紀末ころまで、東アジア世界においては、中国でも朝鮮三国などでも正式な女帝・女王の前例は見当たりませんから、皇女で皇太后だった方を天皇に立てたのは、日本史上初めてであるのみならず、東アジア史上でもユニークなことです。

ちなみに、中国の唐では、まもなく則天武后が、高宗との間に生まれた皇子を帝位に即けながら追放して、天授元年（六九〇）、みずから即位し「聖神皇帝」と称しました。しかし、十五年後（七〇五）、クーデターに遭って退く際、後世の非難を恐れ、「皇后」に降ることを遺言していますから、正史では「皇帝」でなく「皇后」です。

また朝鮮の新羅でも、七世紀（六三二〜六五四）に「善徳女王」「真徳女王」が現れます。けれども、『三国史記』は異常な出来事と非難しています。それに対して『日本書紀』も『続日本紀』も、初の推古天皇以下六方八代の女帝たちを正当に評価しているのは、大きな違いです。

さらに、その女帝が相次いだ飛鳥・奈良時代の最後に二度即位されました称徳＝孝謙天皇は、第四五代聖武天皇と光明皇后の間に生まれた皇女阿倍内親王ですが、天平十年（七三八）、女性で初めての皇太子に立てられ、十一年後に父帝（四十九歳）より譲位されたのですから、決して単なる中継ぎではありません。

ただ、大宝・養老の「継嗣令」で「女帝」が公認されていましたけれども、女帝が入夫（皇族男子に限定）との間に生まれた「女帝の子」の即位は適切でないと考えられたのか、孝謙天皇は重祚《ちょうそ》（再び皇位に即くこと）されてからも独身を通されましたから、当然後継ぎを得られません。すると、それを見抜いた寵臣の法王道鏡が、東大寺の建立で威力を発揮した宇佐神宮の神官を利用して、神護景雲三年（七六九）、「道鏡を皇位に即かしめば天下太平ならん」との神託を上奏させています。

しかし、その真偽を確かめるために宇佐へ遣わされた和気清麻呂が、「我が国家《みかど》、開闢《かいびゃく》以来、君臣（の分）定まりぬ。臣を以て君となすこと、未だ有らず。天つ日嗣《ひつぎ》（天皇）は必ず皇緒《こうしょ》（皇族身分にある後継者）を立てよ。無道の人（臣下の道鏡）は早《すみ》かに掃い除くべし」（『続日本紀』）との新しい託宣を得てきましたので、道鏡の野望は阻止されました。これによって、八世紀中ごろ当時、皇位を継承できるのは皇族身分にある者に限られ、臣下はいかに権力があっても絶対それは許されないという「君臣の分」がいっそう明確になったのです。

この翌年（七七〇）、称徳女帝が五十三歳で崩御されますと、一歳上の異母姉井上内親王と結婚していた白壁王《しらかべ》（天智天皇の孫）が後継者に指名されました。それによって、皇統は天武天皇系から天智天皇系に移ったと見られますが、同時に井上内親王を皇后とすることで、聖武天皇の血統が受け継がれたことにもなります。

ただ、平安時代に入りますと「君臣の分」が少し曖昧《あいまい》になります。律令制では、天皇の皇子・皇女（一世）が親王・内親王として特別の待遇を受け、二世から四世までが諸王（王・女王）ですが、五世以下は皇親（皇室の親族）と認められないことになっていました。

それにもかかわらず、第五二代嵯峨天皇（在位八〇九～八二三）は、皇后以外の側室から生まれた皇子・皇女の多くを臣籍に降し「源《みなもとのあ》 朝臣《そん》」の氏姓を賜ります。このような一世の臣籍降下は、十世紀代まで続きますが、それらの方々は旧一世皇親として尊敬される存在でした。『源氏物語』の光源氏も、そのような貴公子にほかなりません。

これを背景として考えますと、次のような異例の対応も可能になったことがわかります。すなわち、嵯峨天皇の皇子の仁明天皇から数えて曾孫にあたる若い陽成天皇が、元慶八年（八八四）、宮中で乱暴をしたとして、摂政藤原基経に退位せしめられ、また、そこで代わりに仁明天皇の皇子時康親王（五十五歳）が光孝天皇として擁立された際、ご自身の子孫に皇位を継がせるような意思がないことを示すために、皇子・皇女のほとんどを臣籍降下させて「源朝臣」にしてしまわれました。

しかし、三年半後の仁和三年（八八七）、病床の光孝天皇が第七皇子の源定省《さだみ》に譲位することを強く希望されました。そこで基経もそれを認め、源定省を皇族（親王）に復し、宇多天皇としています（同元年誕生の維城《これき》＝敦仁《あつぎみ》も、親王・皇太子となり、十年後に醍醐天皇となられます）。

したがって、これは不可逆的な「君臣の分」を乱したことになりますが、定省王から源定省となり、わずか三年半で定省親王から宇多天皇になられる当時、皇族に準ずる高貴な存在とみなされていたので、復籍も即位も可能になったものと見られます。とはいえ、以後このような例はありませんので、皇位継承者は皇族身分の方に限られるという「君臣の分」を守ることは、最も重要な原則の一つとして大切にしなければなりません。

(三)　皇位継承の危機対応——中世・近世

平安時代は四百年近く続きますが、今述べた九世紀から天皇・皇族との姻戚関係を密にして摂政・関白の地位を世襲的に独占した藤原氏との協調によりまして、皇位継承は一応安定します。もちろん、白河上皇が始められました院政下では、上皇と近臣との意向により後継者の選定が左右され、それをめぐる深刻な内部争いは何度もあります。しかし、後継者不在というような事態は見られません。

けれども、平安末期に至って登場した平氏政権は、太政大臣平清盛が外祖父として安徳幼帝（父高倉天皇）を擁立します。しかし、まもなく台頭した源氏勢力は、寿永二年（一一八三）、平氏が六歳の安徳幼帝を奉じて西海へ逃れますと、祖父の後白河法皇に迫って院宣を賜り、尊成《たかひら》親王を推し立て、後鳥羽天皇としています。しかし、それから三十八年後の承久三年（一二二一）、後鳥羽上皇が政権回復の討幕を企て失敗されますと、隠岐《おき》へ（同調した順徳上皇も佐渡へ）流し、満二歳半の仲恭天皇（父順徳天皇）を廃して後堀河天皇（祖父高倉天皇）を擁立しています。

このように武家が実権を握った中世および近世では、皇位の継承も武家の意向に左右されざるを得ませんでした。ただ、平安前期に親王・諸王から臣籍降下した源氏・平氏の後裔が武力で政権の座に就いても、みずから天皇になったことはありません。万一そんなことを意図しても、周辺や一般の人々が絶対承服しない、という認識が根強くあったものと見られます。

むしろ平安後期の院政時代から難しい問題となったのは、朝廷関係者の絡んだ皇位継承争いです。例えば鎌倉中期、第八八代後嵯峨上皇が後継の「治天《ちてん》の君《きみ》」（天皇に代わって天下を治める院政の主君）を定めないままに崩じられますと、兄の後深草上皇による院政とするのか、弟の亀山天皇による親政とするのか、またそれ以後の皇嗣を誰にするのか、深刻な争いを生じて決着できず、その裁定を何と鎌倉幕府に委ねているのです。

その結果、亀山天皇の後には皇子の後宇多天皇を立てるけれども、その次には従兄弟（後深草天皇の皇子）の伏見天皇を立てることにしました。それのみならず、譲位後の御所名によりまして、前者を「大覚寺統」、後者を「持明院統」と申しますが、これ以後、両統から交互に皇太子を立て即位に至る「両統迭立《てつりつ》」という妥協的な仲裁案が幕府から示されました。それゆえ、朝廷ではそれに従わざるを得ないことになります。

しかし、文保二年（一三一八）、持明院統の花園天皇から皇位を受け継がれた大覚寺統の後醍醐天皇は、幕府の裁定による両統迭立を不服とされ、政権回復をめざして討幕計画を進め、一再ならず失敗しながら成功されました。そこで、漢王朝を再興した光武帝にあやかって、元号も「建武」と改め（一三三四）、親政を積極的に展開されます。けれども、それに反発する勢力を結集した足利高氏（尊氏）によって都を追われ、吉野で抗戦を続けられますが、京都では足利氏により持明院統の光明天皇が擁立されています。

これ以後、吉野の南朝と京都の北朝が対立し、各々に元号も建てられました。しかし、皇位の正統性（正当性）を示す三種の神器は吉野にありました。そのため、北朝の天皇を奉ずる足利義満（高氏の孫）は、それを何とか取り返そうと画策を続け、南朝の元中九年＝北朝の明徳三年（一三九二）、次のような両朝「御合体」の条件を提示します。

①三種の神器、（京都へ）帰座あるべきの上は、御譲国の儀式たるべき旨、その意を得候ふ。

②今より以後、両朝御流（大覚寺統と持明院統）相代りの御譲位、治定せしめ候ひぬ。

これならば、三種の神器を保持してきた南朝の正統性（正当性）が確認され、また南朝から北朝への「御譲国」（譲位）の儀式を行うことによって、平穏な「御合体」が可能になり、さらに以後も「両統迭立」の形で両統の子孫が皇位を継承できることになります。

そこで、これを承諾された後亀山天皇は、吉野から京都へ戻って後小松天皇に神器を渡されたのです。しかし、義満は約束に反して「御譲国の儀式」を行わず、大覚寺統の皇子を交互に皇嗣とすることも守りませんでしたから、南朝は裏切られたことになります。

そのため、後亀山上皇の後裔（後南朝）が、約八十年後の応仁・文明の乱が終わるころ（一四七二）まで、抗戦を続けています。けれども、結局は正統性（正当性）を確保した北朝系の天皇を奉ずる室町将軍が絶大な権力を持ち、それに押し潰されてしまいます。

ただ、第一〇〇代後小松天皇の後を継がれた称光天皇（在位一四一二～二八）は、皇子に恵まれないまま病没されました。そのため、将軍義教の護持僧満済が周旋役となり、九世離れた後花園天皇を擁立しています。この方は、祖父の栄仁《よしひと》親王が北朝三代崇光天皇の皇子でありながら即位できず、代わりに伏見御領などをいただいて「伏見宮《ふしみのみや》」と称します。そのおかげで、長子も当帝の「猶子《ゆうし》」（養子）とされ親王の扱いを受けていましたから、貞成《さだふさ》親王の嫡男彦仁《ひこひと》王が後小松上皇の養子とされることによって、即位することができたのです。

これは、直系に皇嗣が得られない場合、傍系の宮家から適任者を捜し、前帝（ここでは二代前の上皇）の養子とすることによって皇位をつないだことになります。それゆえ、伏見宮二世の貞成親王は、天皇の実父として「後崇光院」の諡号《しごう》を贈られ、同三世以下、当代天皇の猶子として代々親王となり得る最初の世襲宮家として続き、大きな役割を果たしています。

次いで第一〇七代後陽成天皇は、天正十四年（一五八六）、祖父正親町《おおぎまち》天皇（七十歳）の養子として譲位を受け、即位されました。ご在位中、豊臣秀吉との関係は良好でしたが、太閤秀吉の猶子となっていた皇弟の智仁《としひと》親王に譲位しようとされました。それを徳川家康に反対されたことから対立を深め、その余波が次代にも及んでいます。

慶長十六年（一六一一）、父帝から譲位を受けて即位された後水尾天皇は、かねてから藤原氏のように天皇の外戚となることを考えていた徳川家康の遺志に押し切られ、元和六年（一六二〇）、二代将軍秀忠の娘和子《まさこ》を納《い》れて中宮（皇后）に立てられました。幸いお二人の仲はよかったようで、三年後に興子《おきこ》内親王、六年後に高仁親王（三歳で早逝）などをもうけておられます。

しかしながら、天皇は幕府が朝廷や寺院に対する統制を強行することに承服できず、寛永六年（一六二九）、突如、興子内親王に譲位してしまわれます。これによって、奈良末期から約八百六十年ぶりに女帝が復活しました。しかし、未婚の女帝は一代限りで終わりますから、後水尾天皇はそれを見越して、徳川氏が外戚として続くことを阻止するために、譲位を強行されたのではないかと思われます。

この後、同上皇の皇子（明正女帝の異母弟）が相次いで即位され、三人目の霊元天皇のころから朝幕（公武）関係は徐々によくなり、皇位も順調に続いていくかのように見えました。しかるに、第一一五代桜町天皇の後を継がれた桃園天皇が二十二歳で病死されたとき、五歳の英仁《ひでひと》親王を立てることは難しい。そこで伯母にあたる二十三歳の智子《としこ》内親王が即位して後桜町女帝となられ、甥の成長を待って九年後に譲位されます。ところが、その後桃園天皇も安永八年（一七七九）、父帝と同じ二十二歳で病死され、まだ一歳の欣子《よしこ》内親王しかおられませんでした。

そこで、後桜町上皇が摂政近衛内前らと密議され、将来欣子内親王を中宮に入内させる相手としてふさわしいのは、閑院宮家二代典仁親王の第六子兼仁《ともひと》（九歳）と見抜き、喪を秘して先帝の猶子（養子）とした上で、即位せしめられました。これが光格天皇です。

このように見てまいりますと、近世江戸時代でも皇位継承は難しい状況に何度も直面しています。しかし、その都度、かつてあった女帝を立てたり、また傍系の世襲宮家から適任者を迎えた上に、さらに猶子（養子）の形で皇統を直系的につないだりするなど、さまざまな工夫と努力が行われています。

（四）皇位継承の危機対応——近代・現代

第一一九代光格天皇は、在位三十九年目の文化十四年（一八一七）、四十七歳で皇儲《こうちょ》（皇嗣）の恵仁《あやひと》親王に譲位されました。今から約二百年前のことです。

これ以後は、仁孝天皇が二十九年近く、また孝明天皇が二十一年近く在位して崩御されました。次いで明治天皇も大正天皇も昭和天皇も、終身在位しておられます。特に明治以降は「皇室典範」により、皇位継承の在り方もきっちり明文化され、皇室の存続に必要な役所も財源もだんだん整備充実されてきました。しかし、それで皇位継承が順調に行われ、何の問題もないかと言えば、決してそうではありません。

まず明治天皇は、孝明天皇の皇子として育たれた唯一の御方です。英照皇后（九条夙子《あさこ》）との間に皇子がなく、側室との間に生まれた二男四女も、祐宮睦仁《さちのみやむつひと》親王以外、次々と夭逝《ようせい》されていますから、祐宮に万一のことがあれば、直系の皇嗣は途絶えてしまうおそれがあったのです。

この明治天皇は、幸い健康に育たれましたが、明治元年（一八六八）に迎えられました昭憲皇后（一条美子《はるこ》）との間に御子がなく、側室との間に生まれた五男十女も、皇子は明宮嘉仁《はるのみやよしひと》親王のみ、皇女も昌子《まさこ》・房子《ふさこ》・允子《のぶこ》・聡子《としこ》の四内親王以外、早く亡くなってしまいました。その上、明宮は生来ご病弱であり、三歳で皇后の「儲君」（嫡子の扱い）となり大事に養育されましたが、学習院の初等科へ通うことすら困難だったようです。

そこで、同二十七年（一八九四）、学習院を中退し、各地を自由に旅行されたりして、ようやく健康を回復されます。そして同三十三年（一九〇〇）、まことに丈夫な姫君（九条節子《さだこ》→貞明皇后）を皇太子妃に迎え、その間に裕仁《ひろひと》・雍仁《やすひと》・宣仁《のぶひと》・崇仁《たかひと》の四親王をもうけられ、父帝の崩御により満三十二歳で即位して大正天皇となられました。

しかしながら、次第に病状が進み、大正十年（一九二一）には天皇としての役割を果たし得なくなり、満二十歳の皇太子裕仁親王が「摂政」として大権を代行されることになります。しかも、そのころすでに皇太子妃として内定済みの久邇宮良子《くにのみやながこ》女王が、母方に「色盲遺伝」の懸念ありと問題にされる「重大事件」に巻き込まれました。

それは「東宮御学問所」御用掛の杉浦重剛《しげたけ》翁らが「婚約勅定」の貫徹こそ「帝王倫理」の道と懸命に主張して解決しました。けれども、同十三年に結婚されてから、成子《しげこ》・祐子《さちこ》・和子《かずこ》・厚子《あつこ》の四内親王が次々生まれながら、お世継ぎの皇子に恵まれないまま十年ほどたちました。そのため、当時は「皇室典範」で容認されていた側室を勧める動きもあったようですが、昭和天皇は断固それを認められません。その矢先、昭和八年（一九三三）十二月二十三日、継宮明《つぐのみやあき》仁《ひと》親王（今上陛下）が元気に誕生され、二年後には次弟の正仁《まさひと》親王（常陸宮《ひたちのみや》）も生まれています。

しかし、やがて昭和二十年（一九四五）の敗戦により日本を占領統治したGHQは、日本人の大多数に敬愛される天皇（皇室）を否定しがたいと見て、その代わりに徹底的な弱体化を図ろうとしています。

その第一が、「大日本帝国憲法」の根本的な改正であり、その第二が、憲法と並び立つ「皇室典範」を廃止して、新たに「日本国憲法」の下に法律として「皇室典範」を制定させることです。また、それに前後して、皇室財産を全面的に凍結して莫大な課税を行い、さらに明治以来急増した伏見宮系の十一宮家に属する全皇族の皇籍離脱（臣籍降下）を強行しています。

その結果、新憲法下の皇室は、いわゆる天皇ご一家（内廷）と分家にあたる直宮家《じきみやけ》のみとなり、天皇と皇族の権限も財産も所管の役所も、極めて小さく弱くされてしまいました。

それのみならず、明治二十二年（一八八九）に制定された旧皇室典範は、当時の状況を勘案して、㋑皇位継承の有資格者は「皇統にして男系の男子」のみに限り、㋺「皇族は養子をなす（養子に出す、養子を迎える）ことを得ず」、㋩「皇族女子」で「臣籍（華族以下）に嫁したる者は、皇族の列に在らず」、つまり臣籍に降下しなければならない、と厳しく規制しています。

ところが戦後、そのように状況が激変しつつあったにもかかわらず、新皇室典範は、従来の㋑と㋺㋩の原則をほとんどそのまま踏襲するだけでなく、㋥従来容認されていた側室の庶子による継承も否認しています。

この新典範が施行されてからすでに七十余年。その間に、昭和三十四年（一九五九）に結婚された皇太子明仁親王（今上陛下）は、美智子妃（皇后陛下）との間に幸い二男一女をもうけられました。次いで、その長男徳仁《なるひと》親王（皇太子殿下）も、平成五年（一九九三）に結婚され、雅子妃との間に一女（敬宮《としのみや》愛子内親王）をもうけられました。しかるに、現行法のもとでは、内親王が「皇嗣」となることはできません。

また、弟宮の文仁親王は、兄君より先に結婚して秋篠宮《あきしののみや》家を新設され、紀子《きこ》妃との間に二女一男をもうけられました。したがって、平成十八年（二〇〇六）生まれの長男悠仁《ひさひと》親王は、父君に次いで皇位を継承することができます。とはいえ、今十一歳の若君が十数年後に結婚しようとされても、相手の女性は必ず男子を生まなければ、そこで皇統が途絶えてしまう、という重圧に耐えなければなりません。

さらに他の宮家を見ますと、常陸宮家は御子がおられませんので、いずれ高松宮家《たかまつのみや》などのように絶家となってしまいます。また三笠宮家《みかさのみや》には、三人も立派な親王がおられましたのに、次々薨去《こうきょ》されてしまいました。そして寛仁《ともひと》親王には二女王があり、高円宮家《たかまどのみや》を立てた憲仁《のりひと》親王には三女王（うち一人は結婚して離籍）がありましても、皇族女子では当家の継承すらできませんから、いずれ絶家となってしまいます。

この状況は、千数百年以上続く皇室の歴史上でも、あまり例のないほど深刻な危機だと言わざるを得ません。では、どうしたらよいのか。当面ないし将来、何をすべきなのか。それに正解を示すことは容易でありません。しかし、現状を放置すれば、皇室が衰退していくことは必定だと思われますので、最後にかねてから考えてきた管見を申し述べて、ご参考に供します。

むすび――「皇室典範」の改正に向けて

昨年六月に成立した「天皇の退位等に関する皇室典範特例法」は、一昨年八月に今上陛下が注意深く表明されたご意向を踏まえて、終身在位の典範本文（原則）を残したまま、例外として高齢の天皇が退位され、次代の皇嗣が直ちに即位されることを可能にした法律です。しかも、それを審議した衆参両院では具体的な「付帯決議」をしています。

その第一で、「政府は、安定的な皇位継承を確保するための諸課題、女性宮家の創設等について、皇族方のご年齢からしても先延ばしすることはできない重要な課題であることに鑑《かんが》み、本法施行（皇室会議を経て平成三十一年四月三十日と確定）後速やかに、皇族方のご事情等を踏まえ、全体として整合性が取れるよう検討を行い、その結果を、速やかに国会に報告すること」をはっきり政府に要請しています。また第二に、第一の報告を受けたならば、「国会は、安定的な皇位継承を確保するための方策について、『立法府の総意』が取りまとめられるよう検討を行うものとすること」をも決議しています。

これは極めて重い国会の意思表示です。したがって、政府としては「安定的な皇位継承（有資格者）を確保するための諸課題」および「女性宮家の創設等」を、来年五月以降「速やかに」検討して国会に報告し、国会でも「立法府の総意」を取りまとめなければならないことになっているのです。

そこで、ここに管見を端的に申し上げます。その視点は、明治以降の皇室法制を踏まえながら、それだけにとらわれることなく、今上陛下が一昨年の「おことば」末尾で述べられているとおり、「長い天皇の歴史を改めて振り返りつつ……象徴天皇の務めが常に途切れることなく、安定的に続いていく」にはどうすればよいか、という工夫をすることにほかなりません。

それには、前述した旧典範にも新典範にも定められている㋑㋺㋩の規制を、歴史的な事例を参考にして見直すことです。まず㋑のうち、皇位継承者が「皇統」に属する皇族でなければならないことは、不変の絶対条件です。また「男系」であることも、千数百年以上にわたり維持されてきた伝統的な慣例ですから、これを安易に変更することはできません。

しかし、男系の女子が一代限りの女帝に立たれた例は、八方十代の実績があります。したがって、これを排除する必要はなく、皇族男子の継承を原則として優先しながら、皇族女子の継承も例外として容認するように修正することは、可能であり必要だと思われます。

なお、皇族女子の即位、つまり女帝を例外的であれ認める場合、その方が結婚してもうけられる「女帝の子」、つまり女系天皇の出現を心配されるかもしれませんが、そこまで認めることは、当面（おそらく五十年以上）必要ありません。幸い現行典範の下で生まれられた皇族男子の悠仁親王が第一二八代天皇となられ、万一その御子に皇女しか生まれない場合、その方を女帝に立てる道を開くことは、早めにしておいたほうがよいと思われますが、皇子が生まれられたらそれすら不要になりますから、われわれの世代がその先まで議論しても意味がありません。

したがって、来年五月から政府および国会で「安定的な皇位継承を確保するため」検討されるときにも、「皇統に属する男系の男子」を原則として維持する、という前提を確認した上で、将来もし男子が得られない事態に備え、例外として皇族女子の即位、つまり女帝（女性天皇）を容認するかどうかまでを、慎重に議論してほしいと思います。

その際、あわせて「女性宮家の創設等」も検討することになっていますが、これも一般論でなく具体論が必要だと思われます。いわゆる女性宮家とは、皇族女子を当主とする宮家でありますが、それは今のところ存在しません。ただ、「皇室経済法」第六条三によれば、内親王も「独立の生計を営む」ことが想定されています。その第六条一により、三笠宮家次男の宜仁《よしひと》親王も結婚せずに独立して「桂宮《かつらのみや》」と称された実例がありますから、未婚の皇族女子が当家から独立して新宮家を称することは、法的に可能だと解されます。

しかし、未婚のままではその方限りで終わってしまいます。それゆえ、当面必要なことは、女性宮家を創設するという一般論ではなく、具体的に現存する宮家は秋篠宮家以外、若い男子の継承者がおられません（秋篠宮家も悠仁親王が将来皇太子・天皇となられたら、当主になれません）ので、女子（内親王・女王）であっても、結婚して当家を相続できるようにすることです。

その場合、数年前（平成二十四年）に、皇族女子を当主としながら、結婚する男子もその間に生まれる子女も皇族としない、という奇妙な案が一時浮上して消えました。しかし、これでは当代限りとなりますから、将来的に意味をなしません。宮家は当主を中心とする皇室の分家ですから、同一家族の中に身分の違う者が同居していることは不自然であり、皇族の当主と同様、結婚の相手もその子女も皇族とし、その子女が当主を相続していけるようにすべきだと思われます。

もちろん、将来そうなれば、その宮家は「女系宮家」ですが、当面その皇族子女は皇位継承の資格を有しない（認めない）とするべきだと思われます。幸い当面、皇位を継承することのできる若い「男系の男子」がおられ、その原則を維持することが大前提だからです。

ただ、現実的に考えてみますと、現行典範のもとで、皇族女子が民間男子と婚約されて皇室を離れ、民間人となられる場合ですら、相手の男性（およびその家族）は、皇族女子を迎えるにふさわしいかどうか、可能な限り吟味を要します。まして皇族女子を当主とする宮家へ入り皇族となる民間男性（およびその家族）は、それにふさわしいことが強く求められますから、適任者を確保し入婿を実現することは、かなり難しいと思われます。

そうであれば、戦後ＧＨＱ占領下で皇籍離脱を余儀なくされ、長らく民間人として生き抜いてこられた旧宮家の子孫は、少なからずおられますので、その中から然るべき方を皇族とすることが可能かどうかも、具体的に検討してみる必要があると思われます。この案は、古来厳守されてきた「君臣の分」を重視すると、不適切だと言わざるを得ませんが、いわゆる女性宮家すら実現困難な現在、これも否定せずに可能性を探ってみる意味はあると考えています。

ただ、これにも三つの条件が伴います。その一つは、旧宮家子孫の中に適任者がおられるとしても、その本人および家族が皇族となる覚悟をして立派に養育されることです。もう一つは、そのような方を現皇室の天皇および皇族方が新皇族として歓迎されることです。いま一つは、その二条件にかなった方であっても、民間から皇室に入り新皇族の身分になられることを、現行憲法下の一般国民が理解し諒承することです。これを可能とするには、相当な時間と工夫を要するものと思われます。

しかしながら、今や皇室構成者の絶対数が極めて少なく、現状を放置すればだんだんと衰退し消滅するおそれすらあるのです。したがって、この危機を克服するには、あらゆる知恵を出し合い、できそうなことは何でも検討しなければなりません。及ばずながら、私も自分なりになすべきこと、なし得ることに取り組んでまいりたいと存じます。

II

廣池千九郎の国家伝統・皇室論

橋本　富太郎

はじめに——廣池千九郎博士の「皇室奉仕」

今回のシンポジウムは、皇室をめぐる諸問題を各方面から取り上げています。皇室に関する観点はいろいろありますが、私の役割は、モラロジーを学んできた者としての心構えがどうあるべきかということを、はっきり押さえておくことだと思っております。

それは、まず廣池千九郎《ひろいけちくろう》博士が、どのような考えに基づいていたのかを踏まえ、その上で、現代的にはどうしたらよいのかを考察するということです。このことは大切なステップであり、王道であると言ってよいと思います。

はじめに確認すべきところは、モラロジーあるいは最高道徳において、皇室というものがいかに重要な存在であるかという点であります。これは、廣池博士の自伝『予の過去五十七年間における皇室奉仕の事跡』に明示されています。亡くなる昭和十三年（一九三八）、人生の最後に口述筆記されたもので、刊行は昭和十六年ですが、まさに自伝の決定版と言うべきものです。

その主題が「皇室奉仕」であるという点は、あらためて強調しておきたく思います。本書には、皇室奉仕について次のように記されています。

・私の今日までまいりました道を一口にいえば、自分の利己的本能を滅却して至誠の精神となり、天地の法則たる万物化育の慈悲の心を、いままでの利己的本能の代わりに、私の精神の中に入れ代えて、更生する、すなわち生まれかわる、そういうふうになって、この国家伝統すなわち皇室の御ため、一切の事を捧《ささ》げて働くということにしてきたのであります。
・ただ皇室の御ため、国家のためを思わしていただいて、ついに今日に及んだ努力の歴史
・私の一生の事業はわが万世一系の国体を擁護し奉っていこうということのほか、何物をも含まなかった

廣池博士はいろいろなことを成し遂げられましたが、自身に言わせれば、確かにいろいろなことをやったが、それらは全部、「皇室奉仕」につながるものなのだ、となるのでしょう。人生の大きな目的に「皇室奉仕」が位置し、それを念頭に置きつつさまざまな方面に尽力したというふうに理解できると存じます。

一、道徳教育における国家伝統

さて、もう少しさかのぼりまして、廣池博士が残した「教訓」（「寄付行為と謝恩行為との結果の相違」）の中から見ていきましょう。

・国家伝統の大恩を思うて、これに絶対奉仕する事が国民の本分
・私は国家伝統たる祖宗の大神様ならびに陛下の御扶育の大恩を思い、これに報恩のためとしてモラロジーを造り、人心の開発に努力した
・祖宗の大神様ならびに陛下の御心は国民御慈愛の上に在るが故に、私も国民の安心平和及び幸福を目的として終始働かせていただいた

この「国家伝統」とは、国民生活上の恩人の系列をいい、ここでは日本皇室にあたります。つまり、皇室に対して奉仕することが国民の本分であり、道徳であるとしています。そして、自身は、国家伝統である皇祖皇宗（天照大神《あまてらすおおみかみ》と歴代天皇）の恩恵を思い、その報恩のためにモラ

ロジーをつくった。さらに、国家伝統の精神は国民へのご慈愛であるから、私もそれに倣って同じことをしてきた。モラロジーをつくったのも皇室のおかげ、自分が道徳を実行してきたのも皇室に倣ってと、すべてここにつながるということなのです。

道徳の本質とは何か。今日、学校教育の現場でいろいろ言われていると思いますが、それが皇室に対して「絶対奉仕」することだ、という考えには、違和感どころか大反対という人が多いかもしれません。

しかし、廣池博士が前提として欠かさなかったのは、その前にある「大恩を思い」というところであり、大きな恩恵があるから、それに報いていくという、この前後関係が、今の社会では認識されていない状況にあります。いかに大きな大恩を受けているのかということが教育されないままに「奉仕すべきだ」と言われても、その動機付けがなく、強制されている感があるのも当然でしょう。この問題をどう解決していくかということが、また現在の課題であるわけです。

さらに、同じようなことが「大義名分」という言葉にも言えます。廣池博士によって「それは最も重大なる道徳」であると説かれています。では、重大な道徳とは何かというと、これまた、恩人たる国家伝統に対して奉仕することだと言われています（『大義名分の教育　其必要と原理及び方法』)。

以上のように廣池博士の説く道徳教育における皇室は、報恩すべき最大級の恩人であり、また理想となる道徳実行のお手本だったのです。

二、大分儒学の系譜

次に、廣池博士の道徳論における皇室観の由来について、同じく『皇室奉仕の事跡』を見ておきましょう。廣池博士は少年期に麗澤館《れいたくかん》という私塾に学んでおられまして、塾長の小川含《おがわがん》章《しょう》先生が、皇室とは、これほど恩恵の大きいものであり、それに報いていかねばならんということをおっしゃったそうです。

先生の申されますのには、一体わが日本の国家というものは、日本の皇室の御祖先がわれわれ国民の祖先を教育して、そうしてわれわれに精神的・物質的のすべての生活の道をお授けくださったのであって、われわれの祖先は何もかも一切の道を教えてくださったところの国の親に帰服して、これによりてはじめて日本という国家ができたのである。

このとき廣池少年は、何もわからなかったけど、いかにもそうだと思ったといいます。先生に言われたことを、そっくりそのまま受け取っています。そのまま受け取るということが実は非常に重要でありまして、後年もそのままずっと進んでいったのです。

では、この受け取られた伝統というものがどういうものだったかというと、当然、小川先生にも恩師がいるのですから、そこから伝えられたものが発展したのであります。師匠は誰かといいますと、帆足万里《ほあしばんり》先生です。帆足先生は、三浦梅園《みうらばいえん》の流れを引く大分儒学の系統に属しています。廣池博士は、自分が帆足先生・小川先生の系統に属しているということを、再三言及されているように、この系統というのが非常に重要なのです。その帆足先生が、廣池博士とよく似たことをおっしゃっています。

天照大神、君師の任を兼ね、神道の教を立て給い、何事も正直にして詐《いつわ》りなく、身を潔くし過《あやま》ちを改むるを以て人を導き給えり。これ人道の第一にして、孔子の忠信を主とし、過ちを改むるを憚《はばか》る勿《なか》れと宣しと一致なり。（『東潜夫論』）

このように天照大神様に言及され、しかも、その徳性や自己反省についても、実はすでにここで言っておられるのです。だから、廣池博士の言う岩戸籠《いわとごも》りにおける天照大神の自己反省というのは、独創ではありません。しかし独創ではないから価値がないというのではなく、大分儒学の中にこのような発想があり、その系統を正しく継承し、発展させているというところに大きな意味があると見られます。

続いて、同じく『皇室奉仕の事跡』に、次の一文も見られます。

私の家は神官でありまして累代皇室の御恩にあずかっておることが他の家より深い、その報恩をするのが自分として大切なことであり、次には小川先生の遺志を嗣《つ》ぎたい、さすればどうしても田舎におって黙ってはおれない。どうかして都会に出《い》でて正しい学問をいたし、しこうして皇室に貢献し奉りたい。

廣池博士は、ご自身の家系についてこのような認識を持ち、小川先生の遺志を継ぎたい、そのために、正しい学問をして、「皇室に貢献」したいという希望がありました。生涯に及ぶ皇室奉仕は、小川先生の遺志であり、それを継ぎたいという思いが精力的で多彩な活動の原動力となった。そして、小川先生の遺志実現の場として、学問を選ばれたのです。

三、廣池博士の学問と「国家伝統」

次に、廣池博士の国家伝統に関する学問について、いくつかポイントを挙げます。

一つ目は、『皇室野史《やし》』という著書（明治二十六年）です。廣池博士は、若いころから、当時の学者たちがやろうとしなかった奇抜なことを実現していますが、本書もそうなのです。

実は当時も、皇室研究は広く行われていました。本書の特色は、着眼点が非常に独特なのです。当時の研究者は、啓蒙《けいもう》書の類も、建国の偉業とか、王朝文化華やかなりしころとか、そういう時代に力を入れていました。ところが廣池博士は、皇室が衰えた時代にスポットを当てたのです。

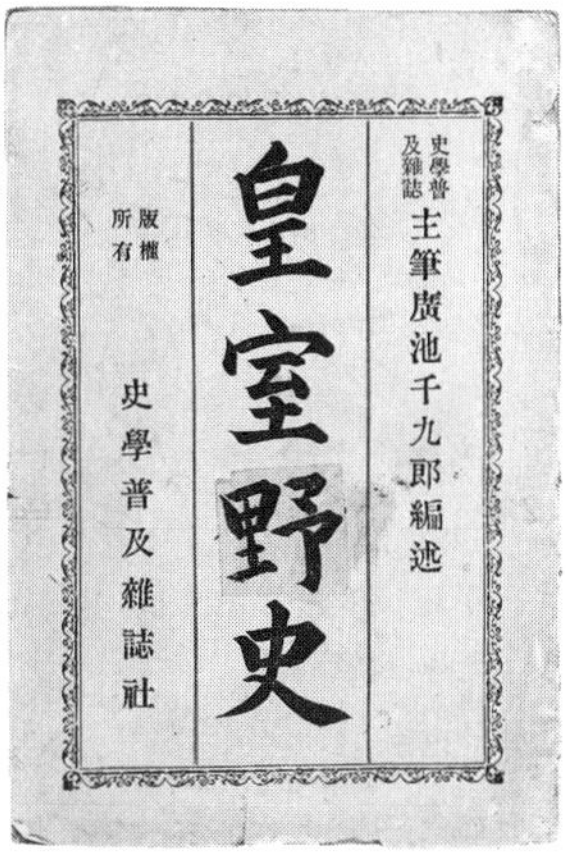

『皇室野史』（明治26年）

廣池博士はなぜ、そのような着眼を得たのでしょうか。それは、皇室が、一番力を失っている時代こそ、真の尊王家の存在が明らかになると考えたからです。皇室に力があり財があれば、当然いろいろな人が近寄ってきます。しかし、権力も財力も失っているときに、皇室をお支えしたいと思い、あえて集まってくる人間が真の尊王家なのです。それを明らかにしないと、本当の道徳はわからない、ということを論じられました。皇室が最も衰えている時代だからこそ、本当の道徳が明らかになる。こんなことを言う人はほかに誰もいませんでした。ここに、この文献の真価があるのです。

二番目は、日本国体の研究です。これは、恩師の井上頼圀《いのうえよりくに》先生から勧められて始めた研究でした。井上先生は、なぜ日本の皇室のみが世界において唯一「万世一系」なのかという疑問を解決するための研究を、廣池博士に託されました。この研究の過程で、明治三十年ごろ『歴代御伝』という編纂物の刊行が計画されています。これは試作で終わりましたが、編纂趣旨が書き残されており、そこに廣池博士の主眼がよく表れています。

支那は孔孟の説を以て国家を経し、泰西《ヨーロッパ》は基督《キリスト》の教《おしえ》を以て人心を正す。我が国は然らず。皇祖皇宗の垂訓によりて、上に万世一系の皇統を戴き、人心皆一にこれに嚮《むか》いて統合するが故に、儒教・仏教・基督教の如きものは、ただ聖化の万一を補翼して、時に人心の一部を支配するに過ぎざるなり。（橋本富太郎『廣池千九郎』ミネルヴァ書房、一四六頁）

中国やヨーロッパは、儒教、あるいはキリスト教が人心を導いてきた。しかし、日本は、もちろんそれはあるけれども、国民の思想形成の中心というわけではなかった。では中心は何であったかというと、皇祖皇宗の垂訓、率先垂範によって築き上げられてきたものであるということです。

三つ目は『伊勢神宮』（明治四十一年）の刊行です。本書は、モラロジーの形成過程の上でも、伊勢神宮の研究史上においても極めて重要な存在となっています。本書の刊行以前には、伊勢神宮に関する近代的な概説書は存在せず、ちょうど翌年に神宮式年遷宮が挙行されたこともあって、広く読まれる結果となりました。加えて、本書は、井上頼圀先生に託された研究の成果発表の場でもあったのです。廣池博士はここで、皇室の万世一系の理由を、皇室の祖先神たる天照大神の徳性と、それを継承し実行した歴代天皇の道徳に求めることができたとしています。

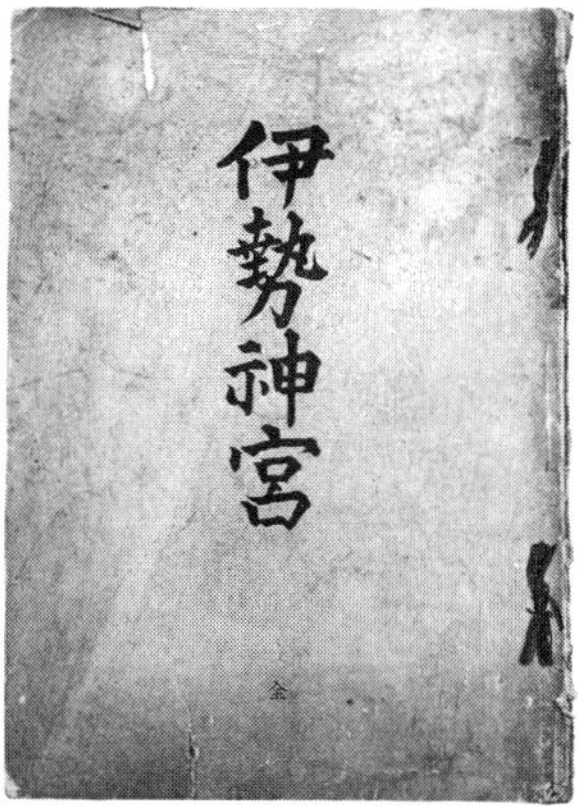

『伊勢神宮』初版（明治41年）

廣池博士はさらに、大正四年（一九一五）、本書に「神宮中心国体論」を加筆し、『伊勢神宮と我《わが》国体』と書名も改めて再刊しました。万世一系については、次のように述べています。

第一は、我天壌《てんじょう》無窮《むきゅう》万世一系の国体の生ぜし最大原因は天祖の慈悲寛大、自己反省の偉大なる御聖徳に在る事と、第二はこれ即《すなわ》ち吾人日本国民の国民性であって、この国民性の発展の如何《いかん》は将来我国運の消長に関係するということであるのです。

万世一系の原因については、『伊勢神宮』で明らかにされたことはすでに触れましたが、ここではさらに天祖（天照大神）の道徳性を「慈悲寛大自己反省」という言葉に概念化しています。のちに『道徳科学の論文』において「最高道徳実行の第一根本精神」として掲げられるこの格言は、本書によって公にされたのでした。また、それは日本人の国民性でもあり、国家の将来を左右する重要な道徳だというのです。こうして、廣池博士の道徳に基づく皇室論は完成を見ました。

四、「道徳科学」の体系化

廣池博士の主著『道徳科学の論文』（昭和三年。以下『論文』と略す）における皇室に関する論点は三つあります。すなわち、「万世一系」「道徳系統」「国家伝統」の三点です。

一つ目の「万世一系」論については、すでに先ほど所教授から紹介がありましたので、簡略に申しますが、『論文』第一巻第十三章には「日本皇室の万世一系の第一原因はその御祖先たる天照大神の御聖徳にあり、しこうしてその第二原因は御歴代の天皇の御聖徳にあることを明らかに確かめ得たのであります」（新版⑥二四八頁）と、「万世一系」は、道徳実行の結果であるとしています。「万世一系」の研究は、モラロジーが立論される端緒であると同時に、道徳実行の効果を証明する重要な根拠となっているのです。

とりわけ道徳実行の結果とする見方は、現在、ますます重要な意味を持っています。昭和天皇は、昭和五十年（一九七五）九月二十日の会見で、「皇室が存続してきたのは、歴史を通して国民の安寧を第一に考えてきたからだと思う」と述べられ、皇室存続の理由として、第一に道徳的要因を挙げられました。その後、昭和五十二年八月二十三日の会見で、次のように、万世一系の原因と、皇室と国民の相関関係にまで言及されています。

日本の皇室は昔から国民の信頼によって万世一系を保っていたのであります。（中略）その原因というものは、皇室もまた国民をわが子と考えられて、非常に国民を大事にされた。その代々の天皇の伝統的な思し召しというものが、今日をなしたと私は信じています。

（高橋紘・鈴木邦彦『陛下、お尋ね申し上げます』徳間書店、昭和五十七年、一一二頁）

「万世一系」の要因は、皇室の道徳的な行いが先行し、それに感化され、信頼で応える国民によって保たれてきたとされています。道徳と「万世一系」の関係は、今後もさまざまな観点から語られ、いっそう考察が深められていくことでしょう。

次に「道徳系統」について検討します。モラロジーで言うところの最高道徳を伝える「道徳系統」、つまり道徳の手本とされる系統は世界に五つあるとされました。ソクラテス、イエス・キリスト、釈迦、孔子それぞれを祖とする系統に、「日本皇室の御祖先天照大神及び日本歴代の天皇の御聖徳を中心とする道徳系統」を加えた五系統です（⑤四頁）。

これらの四つ目までは、「祖」とされるのはいわゆる四大聖人であり、その系統も仏教や儒教などであるため、広くなじみのある存在と言えます。しかし、五つ目の系統の「中心」は、天照大神という神話的存在であり、聖人たちと同等に扱うわけにいきません。

では、いかなる場合に天照大神が諸聖人と比肩され得るかというと、それは、道徳のモデルを「個人」に求めるのではなく、それぞれの「系統」に求めたときです。「道徳系統」としての皇室という観点では、神話における天照大神の象徴的な道徳性が、現在にまで継承されているかどうかが問題なのです。

そこで、「道徳系統」として議論する場合、神話上の天照大神が理想的な道徳を体現しているとして、その伝統が継承されている歴代天皇の確実な事績を確認するのがよいと思われます。そうすると、歴代天皇は道徳的なのかどうか、ということが問われてくるのであり、これからの道徳教育にも、実証性が求められるわけです。それが『論文』には、次のように述べられています。

日本歴代の天皇よく伊尊《いざなぎのみこと》及び天祖の御聖旨を継承せさせ給い、常に上は神祇《じんぎ》に事《つか》え〈これが第十四章にいうところの伝統であります〉下は国民を愛せられて〈これがすなわち第十四章に見ゆる人心の開発もしくは救済に当たる〉個人的なる自我の存在を認め給わず、事ごとに自己反省の御態度に出でさせ給われたのです。（⑥三四一頁）

このように、無私の心で伝統を尊重しつつ民を慈しみ、自己反省を重ねられるならば最高道徳の鑑《かがみ》と言って差し支えありません。その根拠として、神武・崇神・垂仁・仁徳の諸天皇の事績を『日本書紀』から引いていています。さらにもう少し時代を下らせ、確かな史料として「明治大帝の御聖徳」の例を引いておられます。

ただ、他の方々の「御聖徳」はすべて略すとして、ほとんど提示されていないのは、『論文』が書かれた当時は、歴代天皇の事績あるいは御聖徳といったものは、学校教育において国史および修身の授業等で十分に教授されており、国民共有の一般常識だったため、あえて説明する必要がなかったからです。しかも、さまざまな行事や報道、家庭教育の中などでも、皇室に触れる機会は頻繁にありました。

ところが現在、戦後占領政策の影響により、歴代天皇の事績教育は学校から排除されたままであり、皇室の道徳に触れる機会が極端に限られた状態にあります。かつて和辻哲郎が「尊皇思想はわが国民の生活の根強い基調であって、いかなる時代にもその影を没したことはない」（『尊皇思想とその伝統』）と言った情景は、まず皇室の道徳性を国民が認知していてこそ成り立つものです。

三つのうちの最後、「国家伝統」について見ていきましょう。『論文』には、「神の伝統は人間社会においては大略三種」あるということで、一、肉体的伝統、二、精神的伝統、三、肉体的及び精神的伝統の三つを挙げ、「第三の肉体的及び精神的伝統を兼ぬるというものは国家伝統であって、すなわち国の親であります」（⑦二六五頁）とあります。一つ目は、生命の根幹にあたる親・祖先の系統であり「家の伝統」とも称されます。二つ目は、道徳性を育ててくれた精神の親とも言うべき恩師にあたり、伝統（恩人の系列）の重要性を知らせる役割も果たします。そして三つ目の「国家伝統」は、その両者を兼ねるというのですから大変な存在ですが、天皇や国王などの君主のほか、共和制における大統領なども含み、あらゆる国家に存在するといいます。したがって国家伝統論は非常に幅のある概念であり、『論文』では「君主」を想定して次のように規定しています。

およそ真の君主というは、全く肉身の親と同じく、真の慈悲心をもって人民を愛するものであって、終始その国民とともにその過程を同じくして、今日まで存在し且つ今後永久に存在し得る可能性を有するものに限るのであります。この意味において日本の皇室のみが理想的であらせらるるのです。（⑦二六五頁）

ここで「日本の皇室のみが理想的」という限定的な表現には注意を要します。これまで述べてきたような道徳的要素によって「理想」を想定し、段階を設けていることがわかります。こうした「国家伝統」論も、先人の学問を継承発展させたものと言えます。かの福澤諭吉が

『帝室論』（明治十五年）において説いた皇室像は、「人心収攬の中心」でした。その中で、「我輩が帝室を仰で人心の中心に奉らんとするは、その無偏無党の大徳に浴して一視同仁の大恩を蒙《こうむ》らんことを願う者」としています。「一視同仁の大恩」は、廣池博士の「全く肉身の親と同じく、真の慈悲心をもって人民を愛する」という「国の親」による「恩徳」と一致する内容を表し、『論文』に説く皇室論と通底することがわかります。

廣池博士は、皇室の恩徳を客観的に分析し、諸外国（他の道徳系統）と三伝統の中に皇室を相対化しつつ、さらに一歩を進めて道徳の内容にまで踏み込んでいます。「日本の皇室は教えの親であって、且つ肉身の親と同一の心をもって国民を愛護し給うた」（⑦二六五頁）といい、「恩」の概念を軸にして皇室と国民との関係性をより明確にしました。

また『論文』では、伝統報恩の重要性を掲げ、実践すべき内容を「（国家伝統の）御徳を体得し且つ実行し、もって人間としての最高品性を完成すること」としています。品性完成は、道徳実行の主要な目的でありますが、その方法や結果に関することが、この国家伝統の関連において述べられているわけです。「その報恩の最主要方法は、陛下に対し奉りて、真に御軫念《しんねん》を安んじ奉る」と、国家伝統の恩に報いる方法は、安心してもらうことだといいます（⑦四一〇頁）。

ですから今日、国家伝統である天皇陛下、あるいは次代の皇太子殿下がどのようなことをお考えであり、何をしようと思っておられるのかというのを十分踏まえた上で、その環境を整え、安心してお務めいただけるような在り方をつくっていく。それがモラロジーの研究と教育における重要な道徳であろうと考えております。

五、両陛下と皇太子殿下

そこで最後に、今上陛下・皇后陛下と皇太子殿下の御言葉などから「道徳系統」と「国家伝統」について考えてみたいと思います。

まず、今上陛下が皇太子であったころ、昭和六十一年（一九八六）五月、読売新聞社から理想の天皇像について問われた際、次のように答えておられます（五月二十六日朝刊）。

天皇は、政治を動かす立場にはなく、伝統的に国民と苦楽を共にするという精神的立場に立っています。このことは、疫病の流行や飢饉《ききん》にあたって、民生の安定を祈念する嵯峨天皇以来の天皇の写経の精神や、また、「朕、民の父母と為りて徳覆うこと能《あた》わず。甚《はなは》だ自ら痛む」という後奈良天皇の写経の奥書などによっても表されていると思います。

ここに「苦楽」とありますが、その多くは「苦」のほうです。陛下の天皇像は、苦難の時代に焦点が当てられており、とりわけ後奈良天皇の御在位は、かつて廣池博士が『皇室野史』で注目した皇室の最も衰微した戦国時代です。天皇は乱世の中、疫病が流行し、民の苦難を「民の父母」として救うことができないみずからの不徳を省みられ、写経をしておられます。今上陛下は、こうしたお姿を「あるべき天皇の姿」としてこられたのです。

同じく皇后陛下も、皇太子妃のころ、昭和五十六年十月八日の会見で記者から皇室の将来について問われた際、次のように答えておられます。

時代の流れとともに、形の上ではいろいろな変化があるでしょうが、私は本質的には変わらないと思います。歴代の天皇方が、まずご自身のお心の清明ということを目指されて、また自然の大きな力や祖先のご加護を頼まれて、国民の幸福を願っていらしたと思います。その伝統を踏まえる限り、どんな時代でも皇室の姿というものに変わりはないと思います。

（薗部英一『新天皇家の自画像』文春文庫、二五七頁）

この一文は、表現は異なりますが、前に引いた『論文』の「国家伝統」の内容と本質的に同じであり、この精神を継承することの重要性がわかります。

次に、平成二十九年（二〇一七）二月、皇太子殿下の誕生日にあたっての記者会見で、殿下は前年八月の天皇陛下の「おことば」に関連して、次のように述べておられます。

陛下は、おことばの中で「天皇の務めとして、何よりもまず国民の安寧と幸せを祈ることを大切に考えて来ましたが、同時に事にあたっては、時として人々の傍らに立ち、その声に耳を傾け、思いに寄り添うことも大切なことと考えて来ました」と述べられました。（中略）このような考えは、都を離れることがかなわなかった過去の天皇も同様に強くお持ちでいらっしゃったようです。

昨年の八月、私は、愛知県西尾市の岩瀬文庫を訪れた折に、戦国時代の十六世紀中頃のことですが、洪水など天候不順による飢饉や疫病の流行に心を痛められた後奈良天皇が、苦しむ人々のために、諸国の神社や寺に奉納するために自ら写経された宸翰般若心経《しんかんはんにゃしんぎょう》のうちの一巻を拝見する機会に恵まれました。紺色の紙に金泥で書かれた後奈良天皇の般若心経は岩瀬文庫以外にも幾つか残っていますが、そのうちの一つの奥書には「私は民の父母として、徳を行き渡らせることができず、心を痛めている」旨の天皇の思いが記されておりました。災害や疫病の流行に対して、般若心経を写経して奉納された例は、平安時代に疫病の大流行があった折の嵯峨天皇を始め、鎌倉時代の後嵯峨天皇、伏見天皇、南北朝時代の北朝の後光厳天皇、室町時代の後花園天皇、後土御門天皇、後柏原天皇、そして、今お話しした後奈良天皇などが挙げられます。

私自身、こうした先人のなさりようを心にとどめ、国民を思い、国民のために祈るとともに、両陛下がまさになさっておられるように、国民に常に寄り添い、人々と共に喜び、共に悲しむ、ということを続けていきたいと思います。

私が、この後奈良天皇の宸翰を拝見したのは、八月八日に天皇陛下のおことばを伺う前日でした。時代は異なりますが、図らずも、二日続けて、天皇陛下のお気持ちに触れることができたことに深い感慨を覚えます。

ちなみに、嵯峨天皇以来の御写経を所蔵される京都の大覚寺では、今年十月から十一月まで、六十年に一度（戊戌《ぼじゅつ》年ごと）の「勅封《ちょくふう》般若心経戊戌開封法会」が催されます。

皇太子殿下が会見で挙げておられるほかの天皇も、それぞれ苦しい時代に在位され、敬虔《けいけん》な祈りを捧げられまして、自己反省をされる方々でありました。伏見天皇は御日記の中で、祈りについて次のように記されています。

祈請の旨、元来更に私無し。ただ万民安全、国家泰平、万代の為め益有らしめんが為め也。百王鎮護の誓、何の誤る所かあらん。祈請せしむるの旨、全く別事無し。神の誓、元来この事なり。何ぞ神慮有るべけんや。末代の人、皆敬神の誠無きの故に、冥助又及び難し。これに依て神鑑無きが如し、悲しい哉。不信懈怠《けたい》の故に、神威を失う。恥ずべし々々々。悲むべし々々々。（辻善之助『聖徳余光』紀元二千六百年奉祝会、五八頁）

およそ祈り願うこととは、本来、私心のないものである。民の安寧や国の平和そして万世のために、ひたすらよくなるようにとするものである。しかし、近年の人は、そのような「誠」の心がないために神明の照覧が得られない、と戒めておられます。

廣池博士が、「誠という語の真髄」は、「神の慈悲心に合することであって、神の慈悲心とは物質的救助でなく、精神的に人心を救済することにある」「苦労は我これをなし、その結果たる幸福はこれを他人に与うるということである」（『回顧録』）とされていることなども、この天皇の御心の系譜に連なるものと申せましょう。

また後柏原天皇は、明応九年（一五〇〇）、皇位を継承されましたが、戦乱のため財政が疲弊し、践祚《せんそ》から二十二年も即位式すらできませんでした。そのような悲惨な状況下、民の苦しみを救おうと、功徳を積み祈りを捧げておられます。大永五年（一五二五）、「般若心経」を書写して延暦寺と仁和寺に献納されましたが、その奥書に、「蒼生《そうせい》を利せんがため、聊《いささ》か丹棘《たんきょく》を凝《こら》して般若の真文を書写し、仁和の霊寺に祷爾《とうじ》す。仰ぎ冀《ねが》わくは、三宝知見、万民安楽、乃至《ないし》法界平等利益」と記され、「蒼生」（民衆）のために、「丹棘」（まごころ）を込めて、万民安楽などを祈っておられます（帝国学士院『宸翰英華』紀元二千六百年奉祝会①、四〇七頁。※原漢文）。

以上のような誠の精神や祈りが、歴代の天皇に脈々と通じ、昭和から平成へ、さらに次の時代へと受け継がれていることがわかります。これこそまさに「道徳系統」であり、恩人の系列たる「国家伝統」と言えるでありましょう。

こうした廣池博士の皇室論は、これからも皇室の歴史および今後を考える上で、「道徳」の観点から多くの示唆を提供し続けるものと思われます。

III 日本史上の譲位と廃位の検証

久禮 旦雄

はじめに

今回、お話しさせていただきますのは、先般来問題となっております譲位の問題の歴史的な検証です。と申しますのも、平成二十八年（二〇一六）七月にＮＨＫの報道があり、八月の陛下の「おことば」があった後にも、譲位そのものに否定的な意見が多く出ました。しかし、その内容を聞くと、はなはだ納得のいかないことが多かったので、これは一度きちんと考えて整理したほうがいいと思っておりました。

その後、関係者のご尽力もあり、特例法が成立いたしましたので、今さら言っても仕方のないことだと思わないでもないのですが、やはり歴史的な立場から検証しておいたほうがいいだろうと考えた次第です。一度、きちんと確認して、その上で今後の譲位の論議の参考になればと思います。

最初に、明治の『皇室典範』の第十条を挙げておきます。

天皇崩ずるときは、皇嗣《こうし》即《すなわ》ち践祚《せんそ》し、祖宗《そそう》の神器を承《う》く。

天皇が崩御なさったときには皇太子が践祚（即位）し、そして、祖宗からの三種の神器を受けるものであるということを規定しているわけです。この規定について、『皇室典範』の起草の中心人物であった伊藤博文は、『皇室典範義解』の中で次のように述べています。

再び恭《つつしみ》て按《あん》ずるに、神武天皇より舒明天皇に至る迄、三十四世、嘗《かつ》て譲位の事あらず。譲位の例の皇極天皇に始まりしは、蓋《けだ》し女帝仮摂より来る者なり。……聖武天皇・光仁天皇に至りて遂に定例を為せり。此を世変の一とす。其の後、権臣の強迫に因り両統互立を例とするの事あるに至る。而《しこう》して南北朝の乱、亦《ま》た此に源因せり。本条に践祚を以て先帝崩御の後に即ち行わるる者と定めたるは、上代の恒典に因り、中古以来譲位の慣例を改むる者なり。

これによれば、譲位は、女帝による例に始まっている。そして、それが南北朝の争いの原因にもなっている。ですから、そういう中古の譲位の慣例を改めて、終身在位が恒例であった古い例に戻したのだと言っているわけです。

『皇室典範』制定に際し、井上毅は譲位制を容認することを主張しましたが、伊藤博文により却下されております。伊藤博文は一貫して譲位というものを認めていないのです。このたびの譲位の議論につきましても、この伊藤博文の説を引きまして、南北朝のような争いが起こるに違いないなどと言われていたわけであります。

しかしながら、先ほど所先生からもご紹介のありました奥平康弘さんは、「譲位制度はよろしくなく、『上代ノ恒典』に戻るべきであるとする説明に、『皇室典範義解』は、十分に成功していないというのが、私の印象である」と、理屈としてはおかしいと言われています（同氏『「萬世一系」の研究』岩波現代文庫）。

奥平教授の思想的立場は別として、私もそう思います。伊藤博文の時代はそれでよかったかもしれませんが、現在の歴史学の水準によれば、この議論は成り立ちえないと言わざるを得ません。

一、譲位制の成立

では「譲位」という在り方は、日本でどのようにして始まったのでしょうか。『日本書紀』孝徳天皇即位前紀には次のように記されています。

天豊財重日足姫天皇《あめとよたからいかしひたらしひめのすめらみこと》四年六月庚戌《かのえいぬ》……天豊財重日足姫（皇極）天皇、璽綬《みしるし》を授けて位を禅《ゆず》りたまふ。策《おおみこと》に曰く、「咨《あ》、爾軽皇子《なんじかるのみこ》（孝徳天皇、皇極女帝の弟）」と云々……軽皇子、固辞《いな》ぶること得ずして、壇《たかみくら》に升《のぼ》りて即祚《あまつひつぎしらしめ》す。……是の日に、号《みな》を豊財天皇に奉りて皇祖母尊《すめみおやのみこと》と曰さしむ。中大兄を以て皇太子とす。（『日本書紀』孝徳天皇即位前紀）

ご存じのとおり、皇極女帝の御代に「大化の改新」という、クーデターを伴う政治改革が行われました（大化元年＝六四五年）。その際に皇極女帝が孝徳天皇に譲位したというのが、日本における譲位制の初めであります。

なお、一時期、「大化の改新」はなかったという議論が盛んに行われました。これは、皇極女帝の時代に蘇我氏が滅ぼされたクーデター（乙巳《いっし》の変）はあったけれども、それに伴う政治改革は『日本書紀』にしか書かれていないから疑わしいとするものです。しかし、研究が進むとともに、大阪の史跡難波宮跡から巨大な宮殿跡が発掘され、孝徳天皇の御代の難波長柄豊碕宮《なにわながらとよさきのみや》であると推定されたことや、『常陸国風土記』に孝徳天皇の御代に大規模な地方行政改革があったことが記されていることから、やはりクーデターに伴う政治改革はあったとする説が有力になってきています。

さて、『日本書紀』には「天皇、璽綬を授けて位を禅りたまふ」とあるように、三種の神器を孝徳天皇に授けて、位を譲ったと書いてあるわけであります。そして、「是の日に、号を豊財天皇に奉りて皇祖母尊と曰さしむ」とございます。つまり、このときには、まだ「上皇」とか「太上天皇」という称号がございません。ですから、「皇祖母尊」と書いて、「すめみおやのみこと」と呼んでいたことがわかります。この称号自体は、この皇極女帝のお母さん（吉備姫王）や、また皇極女帝の夫君でありました舒明天皇のお母さん（糠手姫皇女）にも贈られております。いわば、天皇より上の世代の皇族女性、皇族の中でも古株の、みんなのお母さんのような存在に対して贈られた称号であろうというふうに思われます。

ちなみに、これについては、『日本書紀』の文飾ではないかという意見もあります。しかし、同じ時代の考古史料である難波宮跡出土木簡に「王母」と書かれているものがあります。おそらく天皇の「皇」という字は、大王の時代ですから、まだ使われていなくて、「王母」と書いていた。それが「すめみおや」と読まれていたのかは不明です。後に、これをもとにして「皇祖母尊」という称号が生まれたのでしょう。

その後の、譲位された皇極女帝のご事績を見ておきますと、例えば、

天皇、皇祖母尊、皇太子（中大兄皇子）、大槻の樹の下に群臣を召し集めて、盟曰《ちか》はしむ。（『日本書紀』孝徳天皇即位乙卯条）

とあります。これは蝦夷・入鹿親子の蘇我本宗家が滅亡したのを受けて、諸豪族に、国政改革に従うということを誓わせた記事です。このときは、新たに即位された孝徳天皇を後ろで支えるような存在として登場されているということがわかります。これについて、古代史家の熊谷《くまがい》公男《きみお》氏は、

治天下大王の時代には、大王の死後に群臣が新大王にレガリアを献じて推戴《すいたい》するのが原則であった。ところが譲位では、現大王がみずからの意志で次期大王にレガリアを授けるのである。少なくとも儀礼上、群臣が新大王の推戴に関与する余地はなくなる。その点で譲位は、王位継承上、画期的な意味をもつ。（同氏『日本の歴史03　大王から天皇へ』講談社学術文庫）

と述べていて、それ以前は、群臣、つまり豪族たちが、この人が天皇にふさわしいのではない

かということを協議し、レガリア＝神器を捧《ささ》げて天皇に推戴していたのですが、皇極女帝以降は、基本的に前の天皇が次の天皇に「あなたが天皇になりなさい」と言って、神器を授け、新天皇が即位することになります。これは天皇・皇室の権力というものの拡大を示すものだということを熊谷氏は言われているのです。

次に譲位を行われたのは持統女帝のときです。この段階で「太上天皇」という称号が成立いたします。『日本書紀』には「天皇、策《はかりごと》を禁中に定めて、皇太子（珂瑠皇子、文武天皇）に天皇の位を禅《ゆず》りたまふ」（『日本書紀』持統天皇十一年八月乙丑朔条）とありまして、その後、大宝元年（七〇一）に「太上天皇、吉野離宮に幸《みゆき》したまふ」（『続日本紀』大宝元年六月庚午条）という記事があります。これがいわゆる「太上天皇」の初見ということになります。

これに関係して、『続日本紀』慶雲四年（七〇七）七月壬子条を見ますと、「元明女帝の即位宣命」と言われる、即位にあたっての宣言がございます。この中で元明女帝は、文武天皇の時代の持統女帝のことを振り返られ、「並び坐《いま》して此の天下を治《おさ》め賜ひ諧《ととの》へ賜ひき」というふうに言っておられます。どういうことかというと、譲位されたけれども、国政から引退してはいないわけです。持統女帝は自分の孫である文武天皇と並んで国政に関わったということが、元明女帝によって回想されているわけであります。

その後、持統女帝と文武天皇のもとで大宝律令という法律が編纂されます。これにより、日本は体系的な成文法に基づく国家運営を行うことが可能になるわけです。これを律令制度、あるいは律令国家と言います。現在いろいろと問題となっている官僚制や文書主義なども、ここに始まります。その大宝令、それを改定した養老令の公式令《くしきりょう》（公文書についての書式の規定）には、「太上天皇」という称号について、「譲位の帝に称する所」であるとしています。

日本の律令国家は中国のそれをモデルにしてつくられたものですが、まったく同じものではありません。太上天皇制もその一つです。これに関係して、古代史家の春名宏昭氏が、日本の律令制下において、太上天皇と天皇が同等の天皇大権を保持したのは、日本独自の要素であると指摘されていることは、注意しておきたいと思います。

中国にも皇帝が引退した例がございます。例えば、唐の初代皇帝である高祖《こうそ》李淵《りえん》は、玄武門の変というクーデター事件で、後に即位して太宗となります息子の李世民《りせいみん》が、自分の兄と弟を殺して政権を奪取いたしますと、引退して太上皇となります。あるいは、同じ唐の玄宗《げんそう》皇帝は、絶世の美女とうたわれた楊貴妃の悲劇とともに語られる安史の乱という大規模な反乱によって、四川まで逃れます。そこで別行動をしていた皇太子が即位した（粛宗《しゅくそう》）ことを知り、引退して、太上皇となります。その後、唐が首都の長安を反乱軍から奪還しますと、玄宗も戻ってくるわけですが、皇居の宮殿の奥のほうに半ば幽閉されて余生を送ったと言われています。

いずれにいたしましても、中国の皇帝の場合は、太上皇は非常にイレギュラーな存在でありますす。また、引退しますと、これは皇帝の父親といえども、その臣下となるわけです。皇帝ではないので権限を発揮できません。しかし、政治的影響があるから、うろうろされると具合が悪いということになるわけです。

しかし、日本の場合にはそうではなくて、むしろ積極的に天皇と同じ権限を発揮していたのです。これは大きな相違点であると言えましょう。それはなぜか。春名氏の議論を再び引きますと「大化以後要求されるのは、第一に体制の安定であり、第二に次々と噴出する課題の速やかな処理である。……即ち、譲位が採用され、日々の政務は天皇が行い、重要な儀式もしくは政策決定は太上天皇と天皇が相並んで行うという体制は、このような状況に非常に適したものとなっている」としています。

つまり、天皇が亡くなるまで政治をして、次の天皇が即位することになると、そのたびごとに、政治的な混乱が発生します。この時期が非常にクーデターとか反乱が起こりやすい状態となります。実際、古代史上最大の内乱とされる壬申の乱は、天智天皇が崩御された後に起こっています。政権担当者がいない状況ですから、何か起こってもすぐに対応できないということがあるのでしょう。これを防ぐには、前の天皇がご存命のうちに、次の天皇にある程度の政務を委ねて実績をつくっておくと、比較的反乱とかクーデターが起こりにくい状況ができるというわけです。

もう一つ、天皇を終身在位にしてしまうと起こる問題は何か。ずっと皇位継承者が見習いのままであるという状況が起こります。そして、前の天皇が在位のままで崩御されると、政策の決定などについて、天皇だからわかることのノウハウが継承されません。そこで、前の天皇がご存命の間に、次の天皇が即位して、前の天皇に横に並んで統治してもらい、次代の天皇の成長を見守ってもらうことになるわけです。

このような崩御による混乱の排除を目的とした皇位の安定した継承と、政務などに関する知識の継承による国政の円滑な処理というものは、律令国家の形成に際して、非常に重要な意義があります。以後、基本的に天皇を太上天皇が支えるという形が、奈良時代には一貫して続くことになります。

そして、男帝の譲位は聖武天皇に始まったとする、先に触れた伊藤博文の主張ですけれども、これは伊藤と同時代の他の文献を見ますと、聖武天皇は仏教信仰に篤くて、出家したいから譲位したのだと、これは仏教の悪い影響の結果なのだということを言っている人がいるのです。

しかし、これも細かく見ていけば誤りです。先ほども触れました『続日本紀』慶雲四年七月壬子条、元明女帝の即位宣命に、女帝の即位の経緯が語られています。元明女帝は文武天皇のお母さんであります。つまり、息子のほうが先に即位していたわけです。そもそも元明女帝の夫君は草壁皇子という方で、皇位継承者とされながら即位する前に亡くなってしまいます。その亡くなった後、お子さんが即位したので、お母さんは、皇后にならず、ただの元皇太子妃だったわけです。

ところが、文武天皇が病気になってしまいました。『続日本紀』には「去年《こぞ》の十一月《しもつき》に、威《かしこ》きかも、我が王《おおきみ》、朕《わ》が子天皇《すめらみこと》の詔《の》りたまひつらく、『朕《われ》御身《みみ》労《つか》らしく坐すが故に、暇間《いとま》得て御《み》病《やまい》治めたまはむとす。此の天つ日嗣《ひつぎ》の位は大命《おおみこと》に坐せ大坐し坐して治め賜ふべし』と譲り賜ふ命を受け賜り」というふうに見えています。

つまり、文武天皇が病気になって、私が病気の治療に専念したいから、お母さん、代わりに皇位についていただけませんかと言われている。だから譲位の意思があったわけです。ところが、お母さんのほうが躊躇《ちゅうちょ》されている間に、文武天皇が崩御されてしまいましたので、あらためて息子の遺志もあったことだし、私は即位しますということを宣言されています。

そうしますと、文武天皇は特に仏教信仰に篤かったわけではありませんし、出家もされていませんから、仏教と関係なく男帝譲位の発想というのはあったということがわかります。もちろん、正式な男帝譲位は聖武天皇のときに始まります。聖武天皇が孝謙女帝に譲位され、後に出家なさいました。しかし、聖武天皇の例から、仏教の影響により男帝譲位が始まったというのは、理解としては浅薄であると言わざるを得ません。

二、譲位制の整備

今まで述べてきたように、前の天皇が次の天皇を補佐するという在り方は、例えば、お母さんと息子とか、お祖母さんと孫とか、あるいは叔母さんと甥とかですと問題ないのです。けれども、例えばこれが兄弟ということになりますと、いろいろ複雑な対立関係を生むこともあります。

平安時代初期に起こりました「薬子《くすこ》の変」というものがそれでございます。結果的に、お兄さんの平城太上天皇が内乱に敗れて、弟の嵯峨天皇が独占的に権力を掌握するということになります。その後、嵯峨天皇ご自身が、位を退かれるときに、かつての私と兄の平城上皇のようなことがあってはならないということで、みずから太上天皇の称号と権限を放棄し、太上天皇の称号が、次の淳和天皇から改めて奉られるという形を取られました。これによって、国家の中心は天皇であるという形が明確になり、太上天皇という存在は、以降、あくまで天皇の臣下であるということになりました。その点、中国の在り方に近づいたとも言えます。

これ以降は、基本的に太上天皇は天皇と同じ権限がなく、天皇に対して、お願いをするというような形で政治に関わっていくことになります。かつての持統女帝のような、国政に関して、直接的に政務を行うという形で関与することはなくなっていくわけであります。そのころに「譲国の儀」というものが成立し、皇位を譲るという儀式・手続きが整理されていくのも、以上のような太上天皇制というものの変質と関わっているのであろうと思われます。

三、太上天皇制と摂関政治

いわゆる摂関政治というものも、太上天皇制を前提にしているということが最近言われています。

中世史を研究されている美川圭氏が、摂関政治というのは、そもそも天皇のミウチである、天皇ご自身や、外戚（藤原氏）、父の院（上皇）、そして天皇のお母さんである国母などによる、集団指導体制の形で、天皇権力の中枢を掌握するものであると指摘されております。本来、天皇のお父さんやお母さんが補佐する体制があり、そこに天皇の義父や祖父である藤原摂関家が入っていくわけです。ここから、太上天皇制を前提として、後の摂関政治は始まっていくということがわかります。

また、生前の譲位の恒例化が、この時期に始まっています。平安時代中期の後一条天皇が崩御された際に「遺詔有るに依り暫く喪事を秘し、如在《にょざい》の儀《ぎ》を以て、今日皇太弟に位を譲る」と『日本紀略』という史書にあります。また『栄花物語』には、「位ながらの御有様は、ところせくいみじかるべければ、おりゐのみかどになし奉らせ給てけり」というふうにありまして、在位のまま亡くなるということはよくないという風潮が出てきたことが読み取れます。つまり、天皇はあくまで譲位してから亡くなるのが通例だから、在位中に崩御された場合は、生きているることにして、譲位してから亡くなったことにするという、どこか転倒した議論が出てくるということが仏教史研究者の堀裕氏によって指摘されています。

これによって、天皇は決して在位のまま亡くならない、常に生前に次の天皇に譲って亡くなっていくということになり、皇位継承が、ほぼ安定して行われるということになります。皇位継承の安定化と、ミウチによる天皇の補佐というものは、太上天皇制成立時からその制度の目的とされていたことは、先に述べたとおりです。つまり、太上天皇制、あるいは譲位制というのが、一貫して日本の国政の安定のために機能していたということが、以上の議論の中から明らかになるわけです。

四、太上天皇制と院政

では、譲位制・太上天皇制というものが、伊藤博文の言うように、南北朝の原因になったという議論は、果たして妥当なのかどうかということになります。これに関係して、両統迭立《てつりつ》という事態は、南北朝以前にもたびたび発生していたということが指摘されています。皇室の系図を見ていただければわかるように、平安時代初期には平城天皇・嵯峨天皇・淳和天皇の三兄弟の皇統がそれぞれ交替で天皇と皇太子の地位を占めるということがありました。また平安時代中期には、冷泉天皇と円融天皇の兄弟の皇統が交替で皇位に即《つ》かれています。その過程においては政治的な紛争も発生しました。しかしながら、これらの例は、数世代を経ますと、おおむね分裂した皇統が一体化されています。

ところが、鎌倉時代から南北朝時代にかけては、持明院統から北朝、大覚寺統から南朝という二つの皇統による皇位をめぐる争いがずっと続いたわけです。そうは言っても、南北朝時代の後半は、ほぼ「観応《かんおう》の擾乱《じょうらん》」と呼ばれる室町幕府の内部抗争によって紛争が長引いたところがございます。ですから問題は鎌倉時代半ばの朝廷の内部事情にあるわけです。

中世史家の岡野友彦氏によれば、南北朝の争いがこれほど長期間にわたったのは、平安時代末期の院政期以降、上皇のもとに、荘園という経済的基盤がつくられたことが原因だと考えられます。すなわち、天皇を辞められた上皇は、政治的な権限はありませんが、貴族社会での影響力は大なるものがある存在になりますので、庇護《ひご》を求めて、多くの荘園が貴族から献上されていくことになります。この荘園は上皇のものであるとすれば、税金を取り立てる国司もおいそれとは手が出せないということですね。そして、それが上皇の経済的基盤となります。そして何代も続いていくと、荘園が蓄積され、皇室の私的な財源ということになるのです。これを研究者は「王家領《おうけりょう》荘園《しょうえん》」と呼びます。

平安時代末期になると、上皇が複数いるという状況も発生しますが、その場合、おおむね現在の天皇の父親である上皇が、皇室の家長と言うべき存在となり、「治天《ちてん》の君《きみ》」と呼ばれ、王家領荘園を支配することになります。その地位を占めることにより、非常に豊かな経済を謳歌《おうか》できることになるのです。そうしますと、皇位を誰が継承し、「治天の君」の地位を誰が占めるかということ、そして誰が王家領荘園を掌握するのかということが、皇室の中での、あるいはその周辺の貴族たちの争いの原因となっていくわけです。

そういう経済的基盤をめぐる対立があったからこそ、南北朝の争いは長く続いたということになるわけであります。すなわち、南北朝の争いを大きくした原因は、譲位制ではありません。それは、荘園制であるということが言えるわけであります。しかし、現在は荘園制がございませんから、同じような争いが起こることは、まずあり得ません。

光格天皇（泉涌寺蔵模写。東京大学史料編纂所所蔵肖像画模本データベース）

五、譲位制の衰退と復活

その後、応仁・文明の乱が起こりますと、朝廷も、それを支えていた室町幕府も衰退いたします。譲位する儀式を行うお金がないという事態が発生いたしまして、天皇が終身在位のままで、これはよくないことであると貴族たちも思っているという状況が続きます。これは廣池《ひろいけ》千九郎《ちくろう》博士も『皇室野史《やし》』の中で、こういうことは非常に悲しいことであるという指摘をされています。

その後、近世に入りまして戦国の動乱が収まりますと、譲位制が復活いたします。しかし、すでに荘園制はございませんから、かつての「治天の君」と言われるような存在としての政治的・経済的活動はなさらず、文化的な活動が中心となります。最後に譲位なさった天皇として近年注目を集めている光格天皇は、譲位後、和歌をはじめとする文化的な活動、あるいは祭祀などの面で、次の仁孝天皇を補佐されています。

最後に「廃位」された天皇について、少し述べておこうと思います。『古事類苑』「帝王部」には「廃帝」の項があり、「廃位」された天皇の例を挙げています。奈良時代の淳仁天皇にしても、平安時代の陽成天皇にしても、鎌倉時代の仲恭天皇にしても、実際には同時代の政治抗争の結果、皇位を去られることになったわけです。しかし、その場合も、例えば淳仁天皇は孝謙太上天皇の詔により退位なさいましたし、陽成天皇や仲恭天皇は藤原氏や鎌倉幕府の圧力により退位されることになっても、あくまでご自身の意思で譲位されるという形を取っています。

現実はどうあれ、建て前としては、皇位を去るかどうか決めるのは天皇ご自身か、皇室内部の意思であるということは一貫しています。これも注意すべき事実だと思います。

おわりに

今まで述べてきましたように、譲位制というものは、必ずしも国政を攪乱《かくらん》させるものではなく、むしろかなり長期間、国家の安定に資するものとして行われてきたことは、歴史的に見れば明らかです。もちろん、それが後に、経済的な荘園制というシステムと結びつくことによって、南北朝の争いの原因となったことも事実です。しかし、譲位制があったから国が混乱するというのは短絡的であり、浅薄な議論だと言わざるを得ません。

あらためて一昨年八月の「象徴としてのお務めについての天皇陛下のおことば」を拝見するならば、「このたび我が国の長い天皇の歴史を改めて振り返りつつ」、今後も「相たずさえてこの国の未来を築いていけるよう」にとおっしゃっています。この陛下のお言葉は、歴史に学びつつ、未来に備えていくという、現代の「万世一系」の在り方を非常に明確に表しているものと思います。このお言葉を拝見し、歴史というものを長い目で見ていけば、いたずらに事態を混乱させるような議論は出るはずがありません。廣池千九郎博士がなされたように、皇室の歴史を、史料に基づいてきちんと見ていくということが、現代のわれわれにとって必要ではないかということを申し上げまして、私の報告を終わらせていただきます。

【主要参考文献】

伊藤博文『帝国憲法／皇室典範義解』（明治二十二年、国家学会蔵版、のち岩波文庫）
廣池千九郎『皇室野史』（初版明治二十六年、のち『廣池博士全集』第一巻、広池学園出版部）
所　功・高橋　紘『皇位継承　増補改訂版』（文春新書、平成三十年）
奥平康弘『「萬世一系」の研究』（岩波書店、平成十七年、のち岩波現代文庫）
熊谷公男『日本の歴史03　大王から天皇へ』（平成十三年、講談社、のち講談社学術文庫）
春名宏昭「太上天皇制の成立」『史学雑誌』九九編二号（平成二年）
　同　「平安期太上天皇の公と私」『史学雑誌』一〇〇編三号（平成三年）
美川　圭『院政――もうひとつの天皇制』（平成十八年、中公新書）
堀　裕「天皇の死の歴史的位置――「如在之儀」を中心に」『史林』八一巻一号（平成十年）
岡野友彦『院政とは何だったか――「権門体制論」を見直す』（平成二十五年、ＰＨＰ新書）
河内祥輔・新田一郎『天皇の歴史04　天皇と中世の武家』（平成二十三年、講談社）
橋本富太郎「御譲位後の光格天皇に関する『実録』抄」『モラロジー研究』七九号（平成二十九年）

No.	(譲位の天皇)	譲位年月日	(受禅の天皇)
39	90　亀山天皇	文永 11（1274）正.26	91　後宇多天皇
40	91　後宇多天皇	弘安 10（1287）10.21	92　伏見天皇
41	92　伏見天皇	永仁 6（1298）7.22	93　後伏見天皇
42	93　後伏見天皇	正安 3（1301）正.21	94　後二条天皇
43	95　花園天皇	文保 2（1318）2.26	96　後醍醐天皇
44	北 1　光厳天皇※4	元弘 3（1333）5.25	北 2　光明天皇
45	北 2　光明天皇	貞和 4（1348）10.27	北 3　崇光天皇
46	96　後醍醐天皇	延元 4（1339）8.15	97　後村上天皇
47	北 3　崇光天皇※5	観応 2（1351）11.7	北 4　後光厳天皇
48	北 4　後光厳天皇	応安 4（1371）3.23	北 5　後円融天皇
49	98　長慶天皇	弘和 3（1383）11 頃	99　後亀山天皇
50	北 5　後円融天皇	永徳 2（1382）4.11	100　後小松天皇
51	99　後亀山天皇	元中 9（1392）閏 10.5	100　後小松天皇※6
52	100　後小松天皇	応永 19（1412）8.29	101　称光天皇
53	102　後花園天皇	寛正 5（1464）7.19	103　後土御門天皇
54	106　正親町天皇	天正 14（1586）11.7	107　後陽成天皇
55	107　後陽成天皇	慶長 16（1611）3.27	108　後水尾天皇
56	108　後水尾天皇	寛永 6（1629）11.8	109　明正女帝
57	109　明正女帝	寛永 20（1643）10.3	110　後光明天皇
58	111　後西天皇	寛文 3（1663）正.26	112　霊元天皇
59	112　霊元天皇	貞享 4（1687）3.21	113　東山天皇
60	113　東山天皇	宝永 6（1709）6.21	114　中御門天皇
61	114　中御門天皇	享保 20（1735）3.21	115　桜町天皇
62	115　桜町天皇	延享 4（1747）5.2	116　桃園天皇
63	117　後桜町女帝	明和 7（1770）11.24	118　後桃園天皇
64	119　光格天皇	文化 14（1817）3.22	120　仁孝天皇

歴代数は「皇統譜」をもとにした宮内庁ホームページ「天皇系図」により、北朝 5 代も北 1 ～北 5 として示した。『帝室制度史』では、No. 22 後一条天皇（譲位と同日に崩御）とNo. 51 を除き、北朝 5 代を入れていない。

年号（元号）は改元が年の途中でも年初に遡って適用されるものとした。

※1　No. 7 淳仁天皇　廃位＝淡路廃帝
※2　No. 31 安徳天皇　寿永 2 年（1183）7 月 25 日西遷にて譲位の例に入れない。ただ次の後鳥羽天皇　8 月 20 日践祚
※3　No. 35 仲恭天皇　九条廃帝
※4　No. 44 光厳天皇　元弘 3 年（1333）5 月 25 日廃立、次の光明天皇　3 年後の建武 3 年（1336）8 月 15 日践祚
※5　No. 47 崇光天皇　正平一統（北朝が南朝に帰一）で廃位
※6　No. 51 南北朝合一（南朝から北朝で在位中の後小松天皇へ神器を譲渡）

生前退位（譲位）の天皇一覧

No.	（譲位の天皇）	譲位年月日	（受禅の天皇）
1	35　皇極女帝	大化元（645）6.14	36　孝徳天皇
2	41　持統女帝	持統 11（697）8.1	42　文武天皇
3	43　元明女帝	和銅 8（715）9.2	44　元正女帝
4	44　元正女帝	養老 8（724）2.4	45　聖武天皇
5	45　聖武天皇	天平感宝元（749）7.2	46　孝謙女帝
6	46　孝謙女帝	天平宝字 2（758）8.1	47　淳仁天皇
7	47　淳仁天皇※1	天平宝字 8（764）10.9	48　称徳女帝
8	49　光仁天皇	天応元（781）4.3	50　桓武天皇
9	51　平城天皇	大同 4（809）4.1	52　嵯峨天皇
10	52　嵯峨天皇	弘仁 14（823）4.16	53　淳和天皇
11	53　淳和天皇	天長 10（833）2.28	54　仁明天皇
12	56　清和天皇	貞観 18（876）11.29	57　陽成天皇
13	57　陽成天皇	元慶 8（884）2.4	58　光孝天皇
14	59　宇多天皇	寛平 9（897）7.3	60　醍醐天皇
15	60　醍醐天皇	延長 8（930）9.22	61　朱雀天皇
16	61　朱雀天皇	天慶 9（946）4.20	62　村上天皇
17	63　冷泉天皇	安和 2（969）8.13	64　円融天皇
18	64　円融天皇	永観 2（984）8.27	65　花山天皇
19	65　花山天皇	寛和 2（986）6.23	66　一条天皇
20	66　一条天皇	寛弘 8（1011）6.13	67　三条天皇
21	67　三条天皇	長和 5（1016）正.29	68　後一条天皇
22	68　後一条天皇	長元 9（1036）4.17	69　後朱雀天皇
23	69　後朱雀天皇	寛徳 2（1045）正.16	70　後冷泉天皇
24	71　後三条天皇	延久 4（1072）12.8	72　白河天皇
25	72　白河天皇	応徳 3（1086）11.26	73　堀河天皇
26	74　鳥羽天皇	保安 4（1123）正.28	75　崇徳天皇
27	75　崇徳天皇	永治元（1141）12.7	76　近衛天皇
28	77　後白河天皇	保元 3（1158）8.11	78　二条天皇
29	78　二条天皇	永万元（1165）6.25	79　六条天皇
30	79　六条天皇	仁安 3（1168）2.19	80　高倉天皇
31	80　高倉天皇	治承 4（1180）2.21	81　安徳天皇※2
32	82　後鳥羽天皇	建久 9（1198）正.11	83　土御門天皇
33	83　土御門天皇	承元 4（1210）11.25	84　順徳天皇
34	84　順徳天皇	承久 3（1221）4.20	85　仲恭天皇
35	85　仲恭天皇※3	承久 3（1221）7.9	86　後堀河天皇
36	86　後堀河天皇	貞永元（1232）10.4	87　四条天皇
37	88　後嵯峨天皇	寛元 4（1246）正.29	89　後深草天皇
38	89　後深草天皇	正元元（1259）11.26	90　亀山天皇

【付　記】

道徳科学研究センターでは、「皇室関係資料文庫」を設け、かねてから収集してきた関係書および高橋紘氏と所功の寄贈本などを備え、その充実と整理を進めている。

また、その運営メンバー（所功・橋本富太郎・久禮旦雄・後藤真生の四研究員）が、ホームページ「ミカド文庫」（http://mikado-bunko.jp/）を通して、皇室関係の確実な史資料と論考等の発信に努めている。（T）

Ⅳ　グリフィス博士の観た明治の「皇國」日本

後藤　真生

はじめに

今回のシンポジウムは、「皇室の歴史と廣池《ひろいけ》博士」という題ですが、私の報告のタイトルは、「グリフィス博士の観た明治の『皇國』日本」とさせていただきました。私の務めは、グリフィスという一外国人の皇室観を提示することにあります。

大まかな構成は、まず、グリフィスがどういった人であるのかを「グリフィスの略歴」で述べます。次いで、グリフィスが成した日本研究について述べます。

グリフィスは、明治の初めに日本へやって来て、福井の藩校や、東京の大学南校で教鞭《きょうべん》を執りました。そしてまた、日本の研究をずっと続けて、アメリカに帰ってから、日本紹介の書物をたくさん書き続けました。その日本研究がどういったものであるかを見る必要があります。

明治の日本には、たくさんの外国人が、例えばアメリカ、イギリス、フランスやドイツなどいろいろなところから来て、いわゆるお雇い外国人が明治の日本を助けてくれました。

そのうち、なぜグリフィスを取り上げるかといえば、彼は単なる印象、あるいは旅行記に留まらず、かなりの時間と労力を費やして日本の研究をしているからです。その上で、日本はこういう国で、日本人はこういう国民だ、とりわけ皇室とは、明治天皇とはこういう存在である、ということを書いています。

すなわち、グリフィスの皇室観は、彼の日本研究に基づいたものです。そこで、彼の日本研究がどういったものかを述べてから、その皇室観を見ることにします。

最後に、これはまだ一つの試みですけれども、廣池博士の皇室観と比較すると、どういうことが言えるのか、ということも述べてみたいと思います。

一、ウィリアム・E・グリフィスの略歴

グリフィス（William Elliot Griffis）は、一八四三年、日本でいえば天保十四年に、アメリカのフィラデルフィア市で生まれました。グリフィスは、日本に来る前から、すでに日本への興味・関心を持っていたことがわかります。彼は七歳のときに、ペリー提督の旗艦となるサスケハナ号の進水式を見たのがきっかけで、日本に関心を持つようになったと言っています。

また、日本に来る前に通っていたラトガーズ大学で、すでに若い日本人と会っているのです。当時、立派な日本人がラトガーズ大学に何人も留学しており、彼らと交流しています。

その後彼は日本へ招かれ、明治三年(一八七〇)から七年まで滞在しています。初めは、招かれた福井藩の藩校で主に理化学を教えますが、明治四年の廃藩置県の影響により、その翌年上京します。東京では、大学南校(のち東京大学)の外国人教師として仕事をしていました。このほか、グリフィスは日本の研究などに努めています。

このグリフィスと福井との関係は、今も続いています。現在、グリフィスの像が福井市内にありますが、その後ろに立っているのは、日下部太郎《くさかべたろう》です。日下部太郎は、ラトガーズ大学へ留学した優秀な日本人の一人で、勉強しすぎたこともあって病気になり、アメリカで亡くなってしまいました。この日下部太郎との出会いにより受けた感激と感動がグリフィスに与えた影響は、極めて大きいと思われます。

グリフィスと日下部太郎

ちなみに私は、現在モラロジー専攻塾の塾生です。この専攻塾では、テーマ実践研修として海外研修があります。そのおかげで、私は昨年アメリカへ行かせていただきました。

その際に、グリフィスや日下部太郎の通ったラトガーズ大学を訪ねました。この大学は、ニュージャージー州ニューブランズウィック市にあります。ニューヨーク市とフィラデルフィア市の真ん中ぐらいのところにある州立の大学です。この大学の図書館には、グリフィスから寄贈されたコレクションがあります。彼は日本の研究をするために膨大な資料を集め、それを母校の図書館に寄贈しました。それが今も残っており、誰でも自由に閲覧することができます。私も、十分な時間を注げませんでしたが、一部を閲覧させてもらいました。

また、大学の近くにあるウィローグローブ墓地を訪ねました。ここには、日下部太郎など、アメリカで亡くなった日本人数名のお墓があり、懇ろにお参りさせていただきました。

話を元へ戻しますと、グリフィスが日本に来たのは、明治三年十二月二十九日です。福井に着いたのは翌四年三月ですが、福井在職中に、廃藩置県となりました。自分を招いてくれた福井藩がなくなってしまったのです。そのとき、福井藩の元藩主が臣下である武士たちに、「これからは天皇陛下に対して忠誠を尽くせ」というような言葉を述べる様子をまざまざと見て、それについても細かく書き残しています。動乱期とでも言うべき、このような激動期の移り変わる明治初期の日本を直接見聞しているということは、彼の強みとして重要な点です。

また、グリフィスは東京にいるころ、明治天皇に拝謁する機会にも恵まれています。彼は東京の南校、後の東京大学で、日本の全国各地から貢進生として集められたエリートが数多く通ったところで教えていました。

そこには、例えば、廣池博士とも関わりの深い穂積陳重《ほづみのぶしげ》先生や杉浦重剛《しげたけ》先生も、貢進生として通っています。明治天皇は、学生がどのような学びをしているのかご覧になるため、南校へお越しになりました。勉学の成果を見ていただく機会に、グリフィスも、明治天皇に直接拝謁しています。グリフィスは、ほかにも明治天皇を目にすることがあり、みずから積極的に観察しています。これは、彼の明治天皇観を考える上で重要なことだと思われます。

さらに、グリフィスは日本にいる間、学者などたくさんの有識者や、さまざまな分野の人々と交流しており、それらの人の協力を得て、日本の研究をしています。彼はアメリカに帰ってからたくさん書物を書き、その中で写真や挿絵をたくさん使っています。そういうことは、後の彼の日本研究にたいへん役立ったことだと思います。

このように彼は生涯ずっと日本の研究を続けました。その動機がどういったものであったかというと、彼はあるとき「日本のよき通訳者たらん」と決意したと語っています。彼はアメリカに帰ってから牧師になり、晩年に牧師を辞めて著述に専念しましたが、日本を欧米に通訳する思いをずっと持っていたことがうかがえます。

このように、グリフィスは、明治初年に日本へ来て、明治天皇に拝謁する機会にも恵まれ、さまざまな人物と出会い、多くの資料に恵まれながら日本の研究をしました。そうして、日本はどういう国なのか、また日本の皇室や明治天皇はどのような存在かということを考えながら書き続けた、そういう人物です。

二、グリフィスの主著『皇國』と『ザ・ミカド』

彼は日本研究を続け、まず明治九年（一八七六）に The Mikado's Empire（『皇國』）という大著をアメリカで出版するなど、意欲的に研究を進めます。これは、彼が帰国後、日本紹介のために書いた最初の本ですが、それからずっと増補や改訂を重ね、十二版まで出版しています。それが大正二年（一九一三）まで続くわけで、グリフィスが最も力を注いだ代表作だと言えます。

この『皇國』とは別に、明治天皇の崩御後、大正四年（一九一五）に The Mikado（『ザ・ミカド』）を書いています。この二作がグリフィスの代表作だと言えます。これらを通じて、グリフィスの日本研究がどういったものであったのかを、少し紹介したいと思います。

まず、『皇國』の序文を見てみます。この本は二部構成で、第一部に日本の歴史が書かれています。第二部は、グリフィスの日本における体験や観察です。

その序文に、「この国の人々との八年間の生き生きとした接触を通じて、私はその言葉、書物、習慣から、日本人との精神的な違いを見定め、日本人の思想、感情を知ることに努めてきた」（原著初版七頁）と書いてあります。グリフィスが日本の歴史や文化を研究するとき、どういったところに、どのように目を向けたのかが表れていると思います。大阪大学におられた梅渓昇博士は、彼の日本研究を文化史的・精神史的なものであると評しておられます。確かに彼は、日本人がどういう思想や感情、精神を持っているのか、日本にはどのような文化があるのかということに興味を持って研究しています。

また、グリフィスは『ザ・ミカド』の序文でこのように言っています。「私は古い文書を自由に用いて、朝野の日本人を喜ばせるためでも怒らせるためでもなく、ただ事実と真理をつきとめるために、大日本について、私の意見を述べた」（原著序五〜六頁）。彼は日本を愛し、日本に対する強い関心を持って、生涯日本の研究を続けました。しかし彼は、日本人に阿《おもね》るような、こびへつらうような態度で書いたのではありません。ここに、「ただ事実と真理をつきとめるために」とあるように、彼は、歴史的事実と架空の話とを区別しようとし、疑わしいと思ったら、これはいかがなものかと率直に言っています。

このように、グリフィスはいわば自由な研究をしました。日本人学者の意見に振り回されず、自分の思ったこと、考えたことをはっきりと言ってのける。それが、グリフィスの日本研究に見られる大事な特徴であると思われます。

ちなみに、主著 The Mikado's Empire の背表紙には、漢字で「皇國」と刻まれています。これはグリフィスの直筆であるかどうかわかりませんけれども、この「皇國」という二文字に、彼が日本という国をどのようにとらえたかが、よく表れていると思います。彼は、日本がどういう歴史をたどってきた国であるのかを研究した上で、日本は The Mikado's Empire、「皇國」であると判断したのでありましょう。つまり、日本とは天皇のしろしめす国、天皇を中心にまとまっている国であると、彼は見ていたのです。

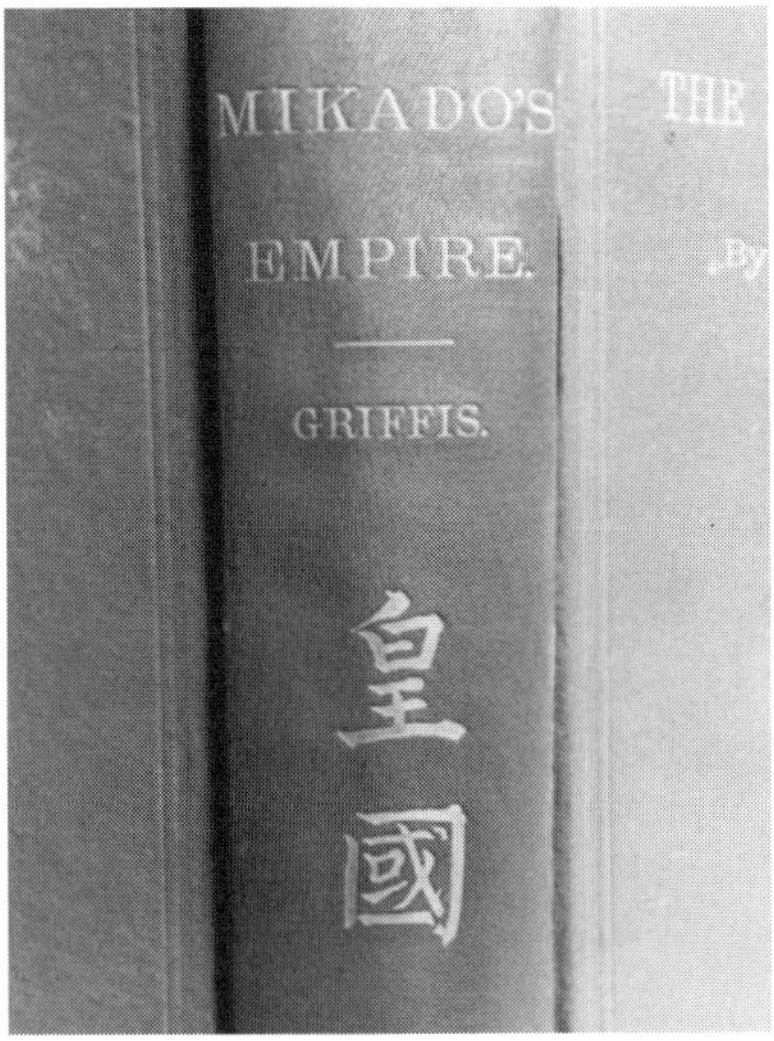

本書 “The Mikado’s Empire” は、例えば1877年の第2版が昭和46年（1971）に時事通信社から復刻されている。また、米国で何種類も電子化され、HathiTrust Digital Library で自由に閲覧複写することができる。

三、グリフィスの観た明治天皇

このような日本観に基づくグリフィスの皇室観を『ザ・ミカド』に基づいて見たいと思います。なお、この本は亀井俊介博士により訳されました（『ミカド』岩波書店、平成七年）。

グリフィスは「ミカド」という言葉を好んで使っています。彼はミカド（天皇）について、このように述べています（原著四九頁）。「ミカドには姓がなく、個人の名があるだけである。それ自体が非常な古さのあらわれである」とか、「ミカドの家系は遠い昔から、あるいは大日本帝国憲法が宣言するように悠久の昔から、統治者であった」と言って、次のようにも述べています。

ミカドは、無窮の大日本の歴史における光輝なあらゆるものの生きた象徴である。彼は日本人に対して、現在最も大切なもの、将来の幸せのしるしをすべて表している。彼は歴史と宗教を具現化している。その人柄は、国の記憶と国民の希望とを体現している。（同一五頁）

このようにグリフィスは、天皇に象徴性を見出しています。また、「平和と戦争とにおける日本の輝かしい偉業が、ミカドの祖先の徳によるもの」であり、「その一人びとりがアダムの子であり、神の子である」と考えていました。キリスト教徒であるグリフィスらしい皇室観の表現です（同序三頁）。

次に、彼は明治天皇をどう観ていたかといえば、まぎれもなく、明治天皇に対して敬愛の念を抱いていました。特に『ザ・ミカド』の中で、明治天皇について詳しく述べています。グリフィスは、明治天皇が日本の「真の統治者」であり、「国事を双肩に担い、休みなく勤勉な生涯を送った」と述べています（同四六頁）。また、このように言っています。

睦仁《むつひと》皇帝に何度か謁見を賜り、彼の生涯を研究したことで、私は、皇帝を現代における真に偉大な人々の一人だと考えるようになった。彼がいなかったならば、日本は現在のごとくに、また世界が今日認めているごとくに、決してならなかったであろう。（同序六頁）

彼は、天皇の人間性を重んじました。天皇も人間なのだから、一個人として尊重し、名前をもって呼ぼうと考え、親愛の情をもって、明治天皇のことを「睦仁皇帝」あるいは「睦仁」というふうに書いています。

ここから、明治天皇こそ明治の日本を導いたと考え、その偉大さを高く評価していたことが読み取れます。もちろんこういったことは、『明治天皇』という大きな本を上下巻で出されたドナルド・キーンさんなどにより、現代でも言われていることです。

その他、明治天皇について、いろいろと具体的に書いてあります。例えば次のごとくです。

睦仁ほど、一貫して質素な食事をした人は、帝国の中にもほとんどいない。皇帝の良心にとって、自分がどのような食事をするかということは、国家の繁栄に関わる問題であった。彼は確かに、祖先に恥じることのないよう、祖先の素朴な美徳を失わないように努めた。彼が模範を示したからこそ、耕作できる土地に乏しく、人口の多い貧乏な国が、二大戦争を遂行しうるまでになったのである。

宮中で教えかつ実行されたことは強い援軍となり、そこから霊感が溢《あふ》れ出た。これがあったからこそ、不可能なはずの大事業がなし遂げられたのだ。（同三〇五頁）

このように述べ、「この重大な問題についての彼の模範が国民にとっていかに大きな意味を持つかを、彼ほど早くから認識していた者はいなかった」（同三二一頁）と言っています。つまりグリフィスは、明治天皇が道徳実行により模範を示した統治者であるととらえていたのだと思います。

四、廣池千九郎博士の皇室観との比較

最後に、このようなグリフィスの皇室観を廣池千九郎博士の皇室観と比べてみます。廣池博士は、「日本の皇室が、国民に対して単なる政治上の統一者でなくて、精神的父母の性質を御保持あそばされておった」（新版『道徳科学の論文』⑥三五二頁）と、「精神的父母の性質」ということを取り上げられましたが、これはグリフィスにも共通するところです。

例えば和歌について述べたところで、グリフィスは、明治天皇と昭憲皇太后が模範を示されたことについて述べています。明治天皇や昭憲皇太后の率先垂範が、いかに教育的意義を持っていたかということを、『ザ・ミカド』の中で詳しく記しています。

こういうことを考えますと、グリフィスは、明治天皇が「単なる政治上の統一者」というよりも、「精神的父母の性質」をも持ち合わせていることに注目していたことがわかります。

ただ、両者の皇室観の相違点について一例を簡単に言えば、両者の宗教が異なるということが挙げられます。グリフィスは、歴代天皇が「アダムの子であり、神の子である」というふうに言っています。ここに表れているように、彼はあくまでキリスト教的な世界観の立場から、皇室を見ていたということがわかります。

とはいえ、グリフィスというアメリカの教養人が、日本の歴史、あるいは天皇の歴史を、古代からずっと研究することにより、明治天皇に代表される日本の皇室がこういった存在であると言っているわけです。彼は、ミカドが「無窮の大日本の歴史における光輝なあらゆるものの生きた象徴」であると考え、「日本の輝かしい偉業が、ミカドの祖先の徳によるもの」ととらえました。特に、明治天皇について、「単なる政治上の統一者」ではなく、「精神的父母の性質」を備えた「真の統治者」だとみなしたことは、注目すべき点であると思います。

明治天皇が率先して質素倹約に努められ、全国民に模範をお示しになったからこそ、貧しかった日本が大国になることができたのだと、グリフィスは実感しました。そういう見方を客観的に示してくれた彼の研究を、今後とも続け深めていきたいと思います。

付表　歴代天皇の略系図

大和時代初期
（推定1C～3C前半）

大和時代前期
（推定3C中頃～4C末頃）

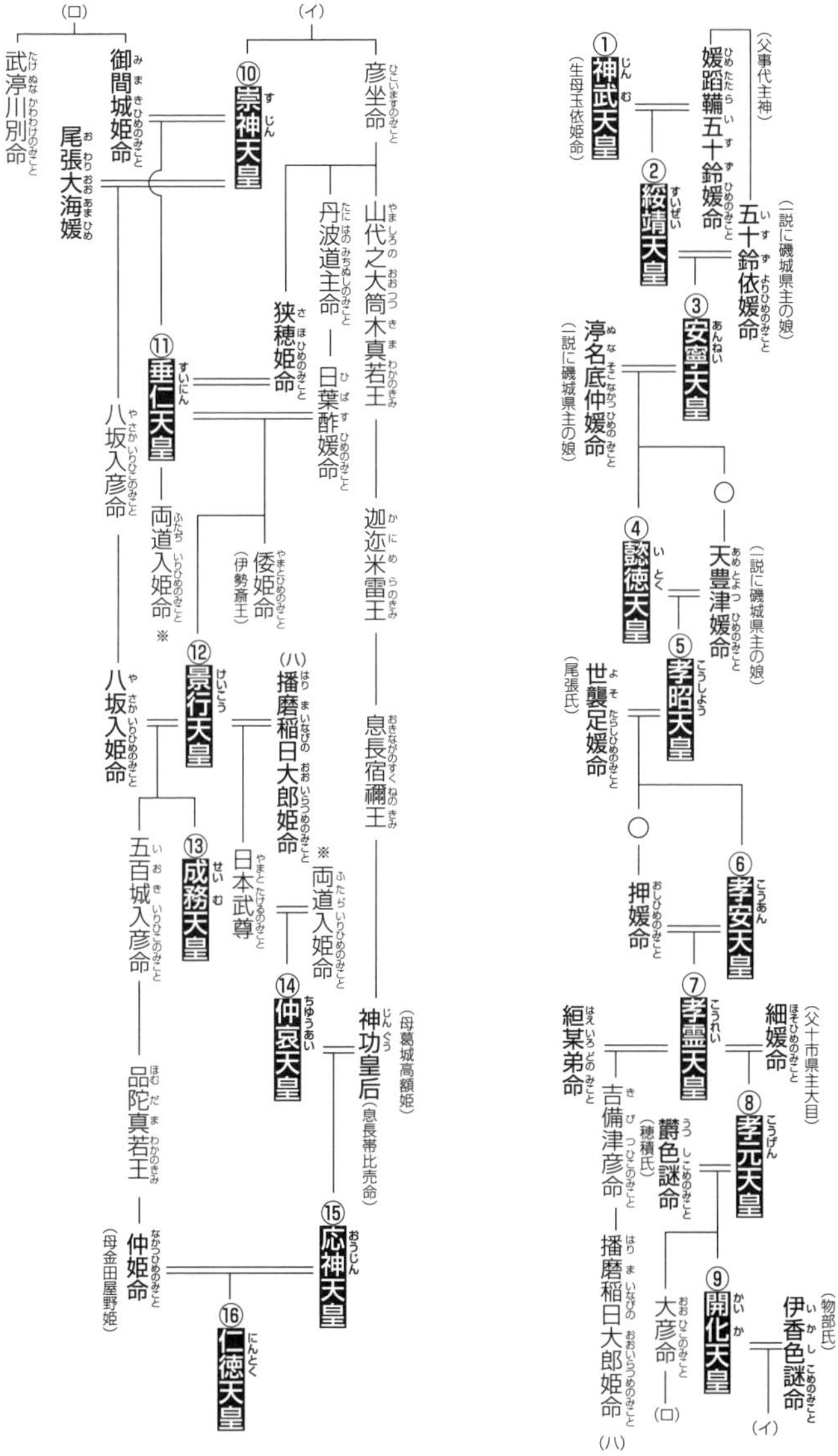

大和時代中期
（ほぼ5C）

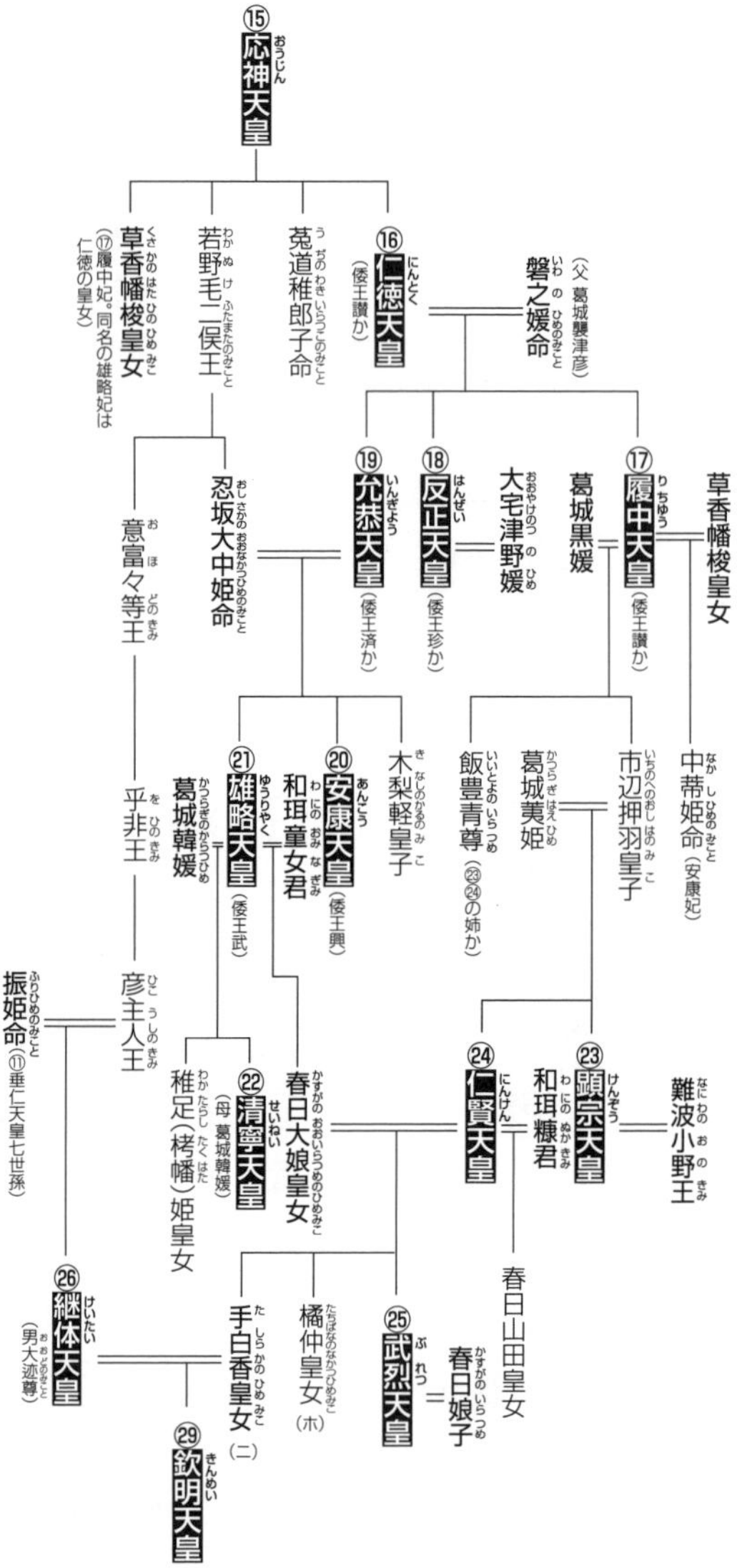
⑮応神《おうじん》天皇
⑯仁徳《にんとく》天皇（倭王讃か）
菟道稚郎子命《うぢのわきいらつこのみこと》
若野毛二俣王《わかぬけふたまたのみこと》
草香幡梭皇女《くさかのはたひのひめみこ》（⑰履中妃。同名の雄略妃は仁徳の皇女）
磐之媛命《いわのひめのみこと》（父 葛城襲津彦）
⑰履中《りちゅう》天皇（倭王讃か）
草香幡梭皇女
葛城黒媛
⑱反正《はんぜい》天皇（倭王珍か）
大宅津野媛《おおやけのつのひめ》
⑲允恭《いんぎょう》天皇（倭王済か）
忍坂大中姫命《おしさかのおおなかつひめのみこと》
意富々等王《おほどのきみ》
中蒂姫命《なかしひめのみこと》（安康妃）
市辺押羽皇子《いちのへのおしはのみこ》
葛城荑姫《かつらぎはえひめ》
飯豊青尊《いいとよのいらつめ》（㉓㉔の姉か）
木梨軽皇子《きなしのかるのみこ》
⑳安康《あんこう》天皇（倭王興）
和珥童女君《わにのおみなぎみ》
㉑雄略《ゆうりゃく》天皇（倭王武）
葛城韓媛《かつらぎのからひめ》
平非王《をひのきみ》
彦主人王《ひこうしのきみ》
振姫命《ふりひめのみこと》（⑪垂仁天皇七世孫）
難波小野王《なにわのおののきみ》
㉓顕宗《けんぞう》天皇
和珥糠君《わにのぬかきみ》
㉔仁賢《にんけん》天皇
春日大娘皇女《かすがのおおいらつめのひめみこ》
㉒清寧《せいねい》天皇（母 葛城韓媛）
稚足《わかたらし》（栲幡《たくはた》）姫皇女
春日山田皇女
春日娘子《かすがのいらつめ》
㉕武烈《ぶれつ》天皇
橘仲皇女《たちばなのなかつひめみこ》（ホ）
手白香皇女《たしらかのひめみこ》（ニ）
㉖継体《けいたい》天皇（男大迹尊《おおどのみこと》）
㉙欽明《きんめい》天皇

大和時代後期〜飛鳥時代前期
(ほぼ6C〜7C)

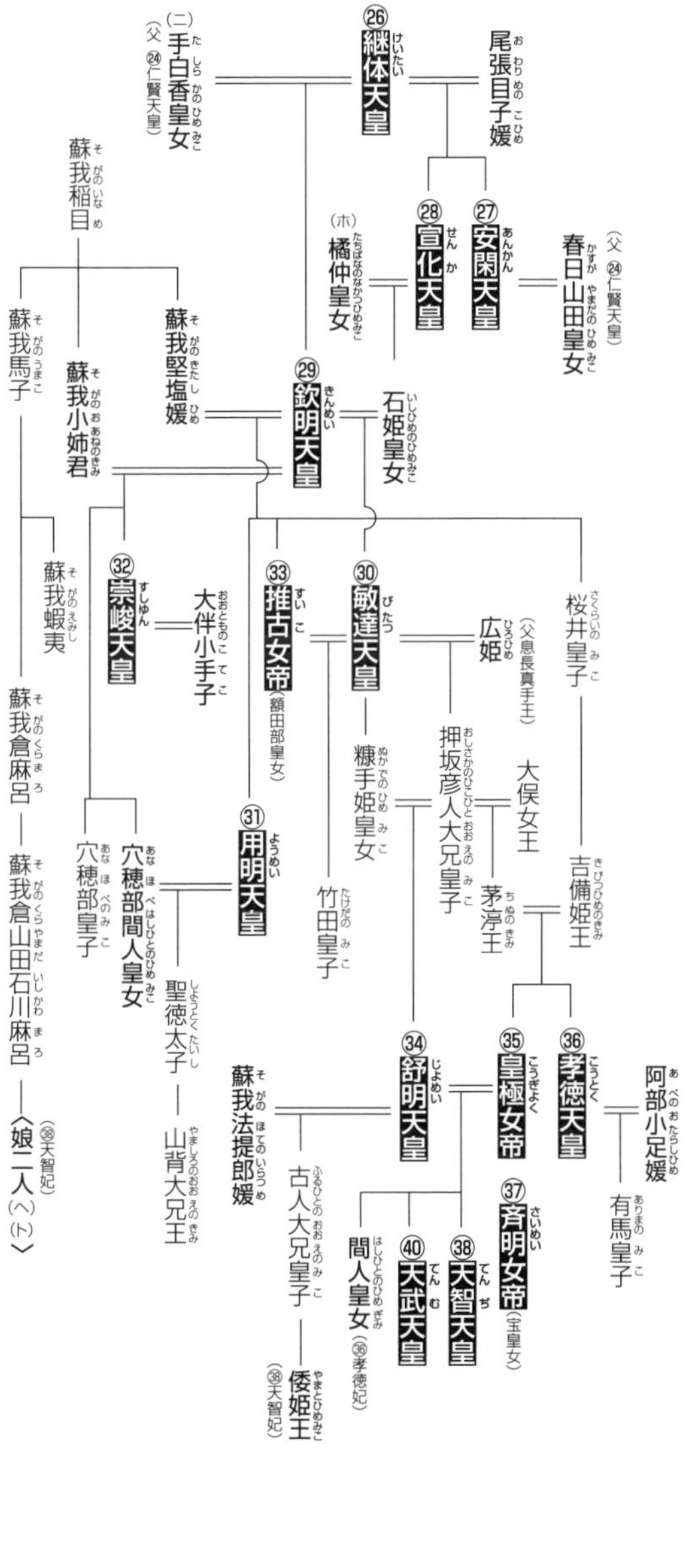

飛鳥時代後期〜奈良時代
（ほぼ7C後半〜8C）

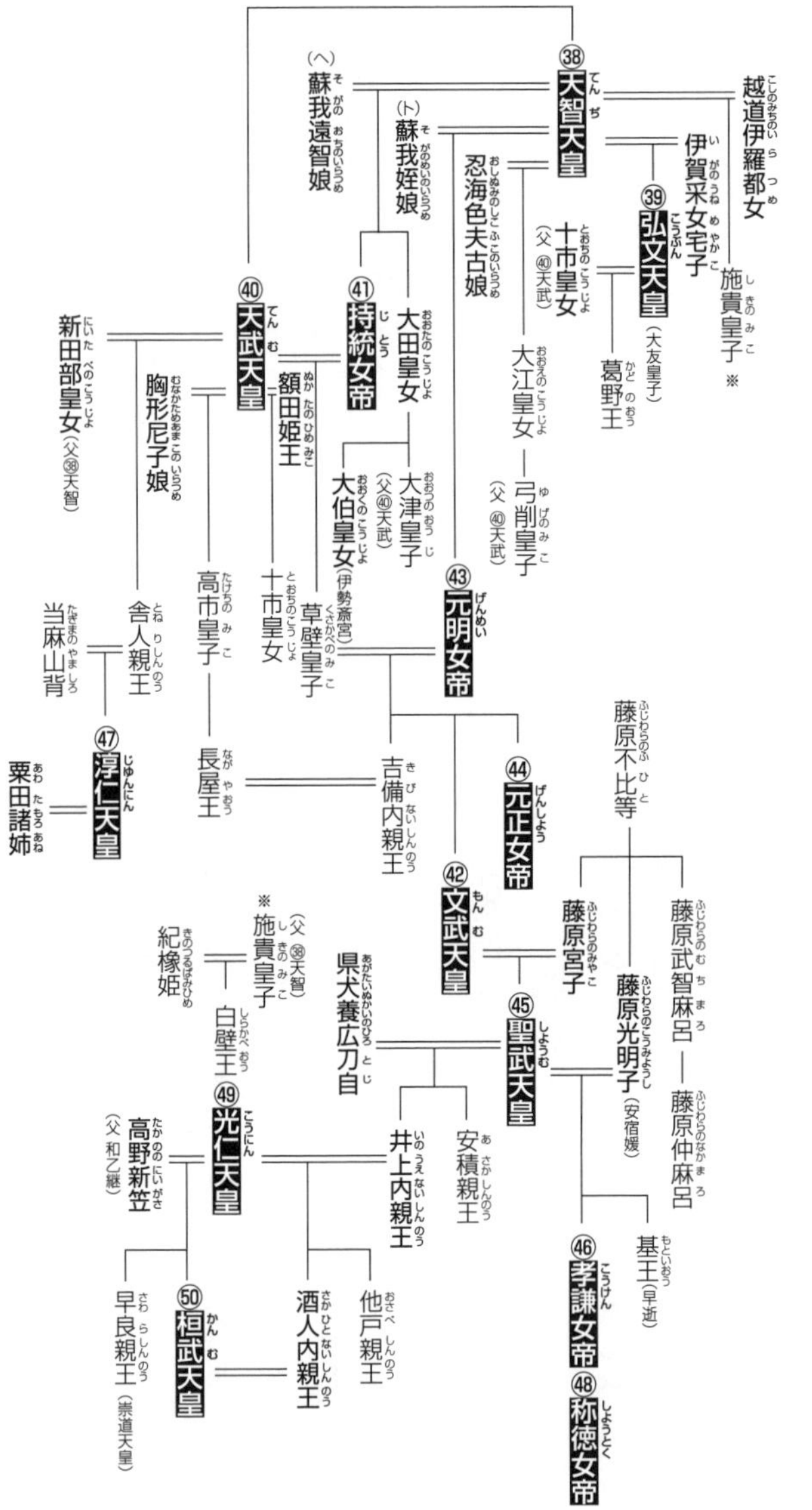

平安時代前期
(ほぼ9C〜10C初頃)

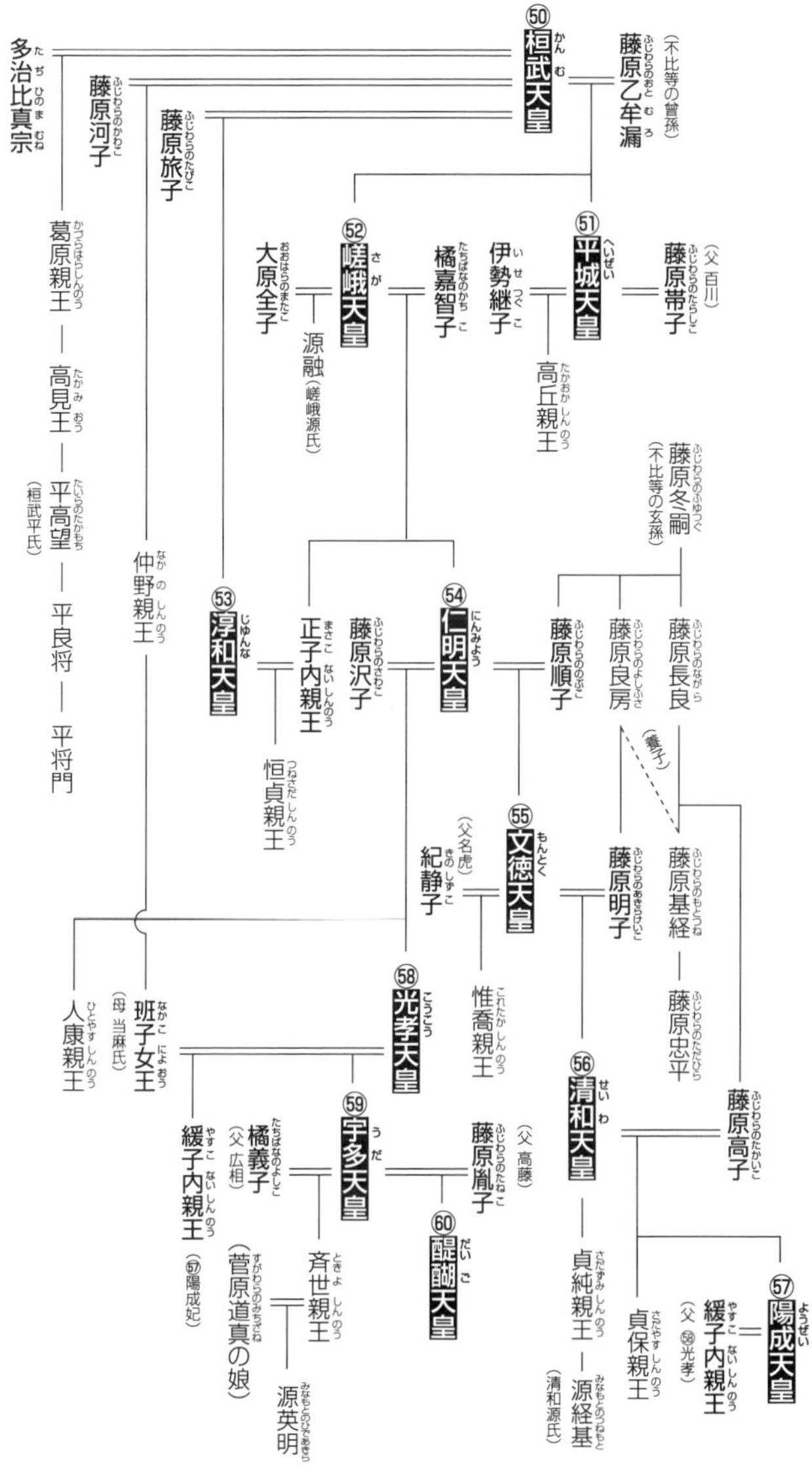

平安時代中期
（ほぼ10C中頃～11C中頃）

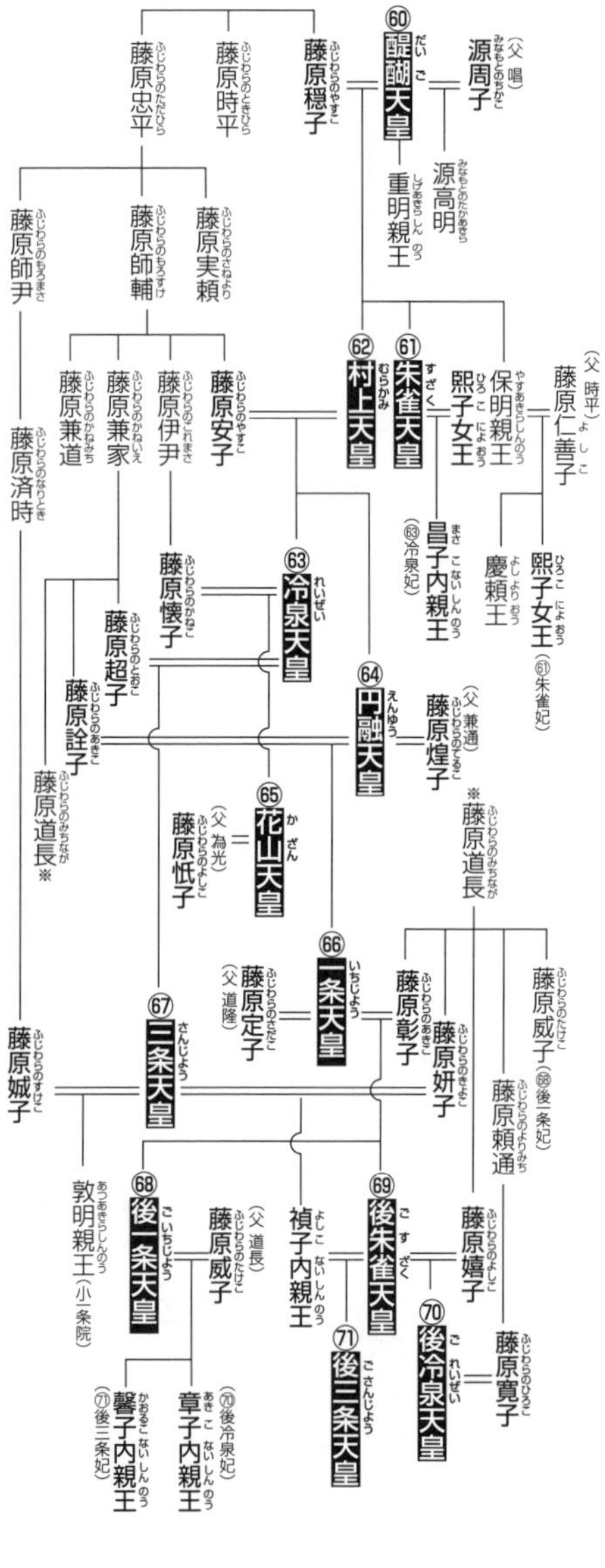

平安時代後期
（ほぼ11C後半～12C）

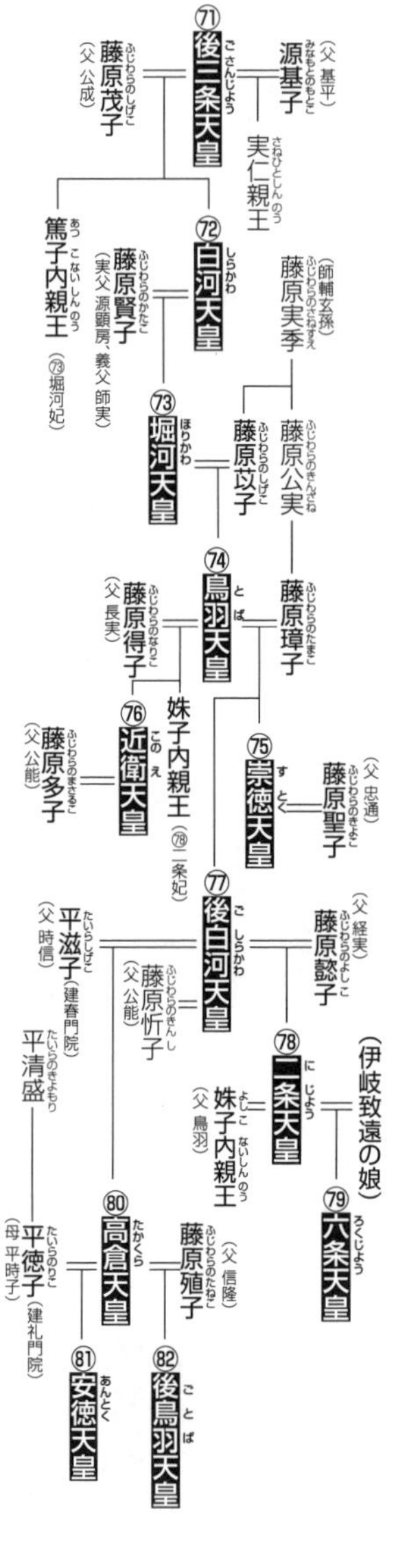

鎌倉時代
（ほぼ13C～14C前半）

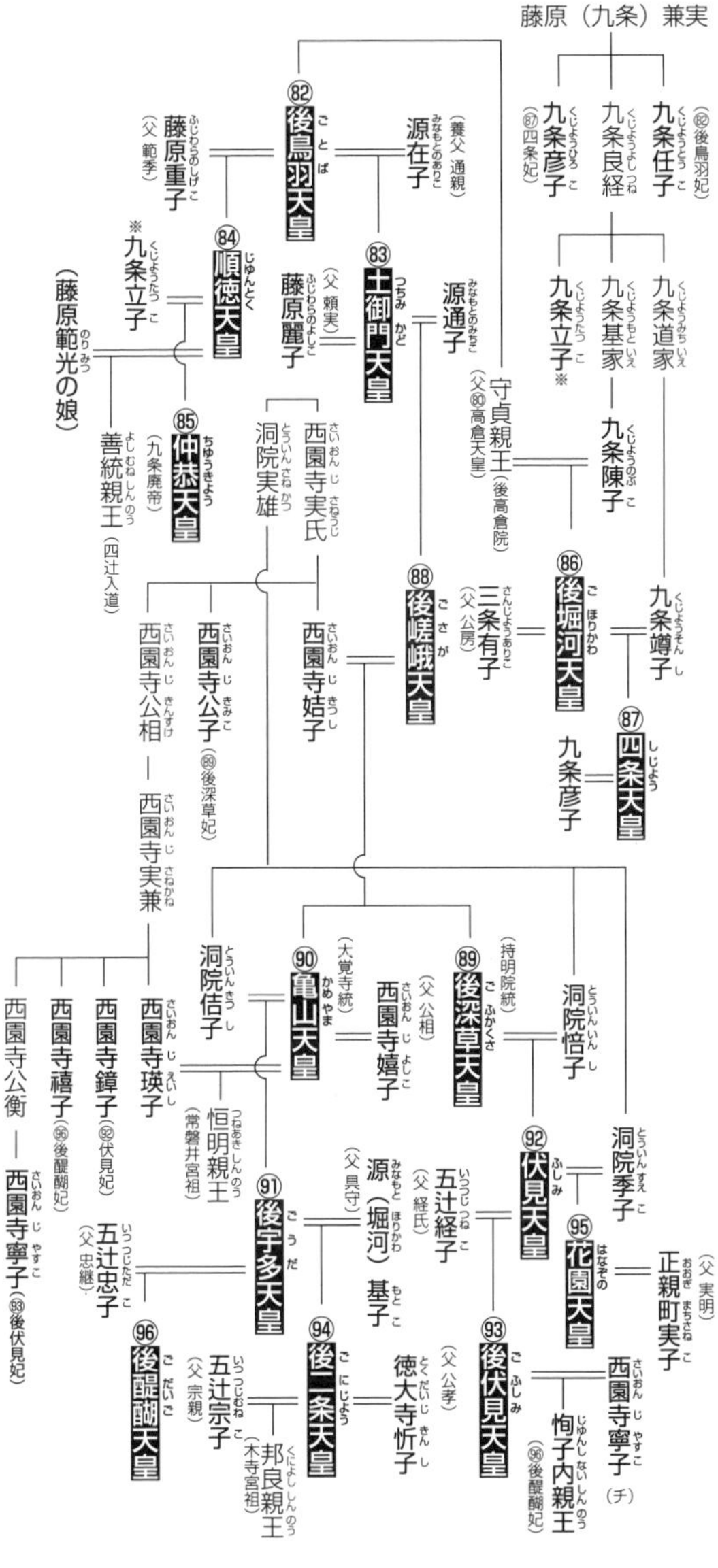

吉野時代
（ほぼ14C中後半）

南北朝期〜室町時代前期
（ほぼ14C中頃〜15C中頃）

室町時代後期
（ほぼ15C後半〜16C）

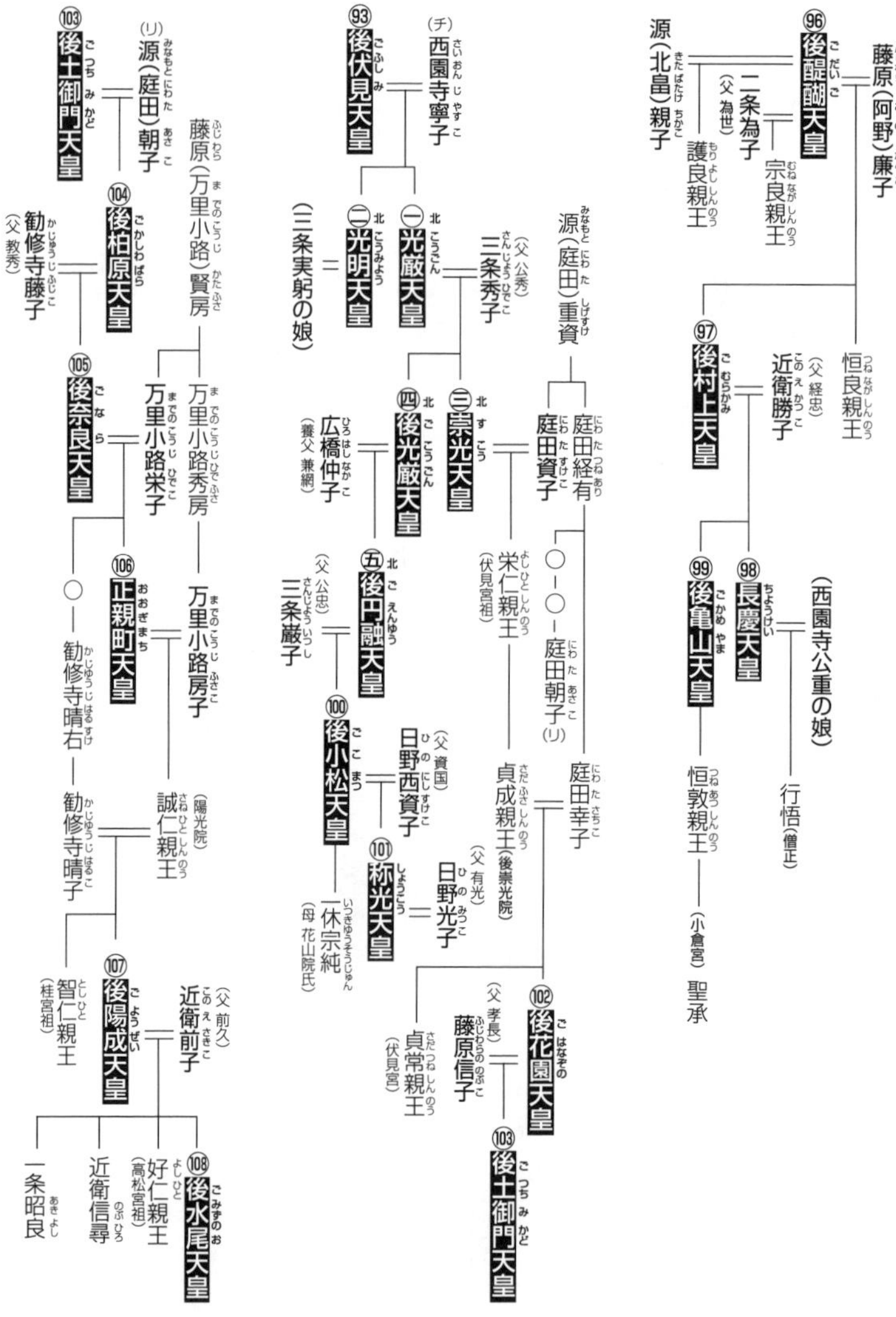

江戸時代前中期
（17C～18C中頃）

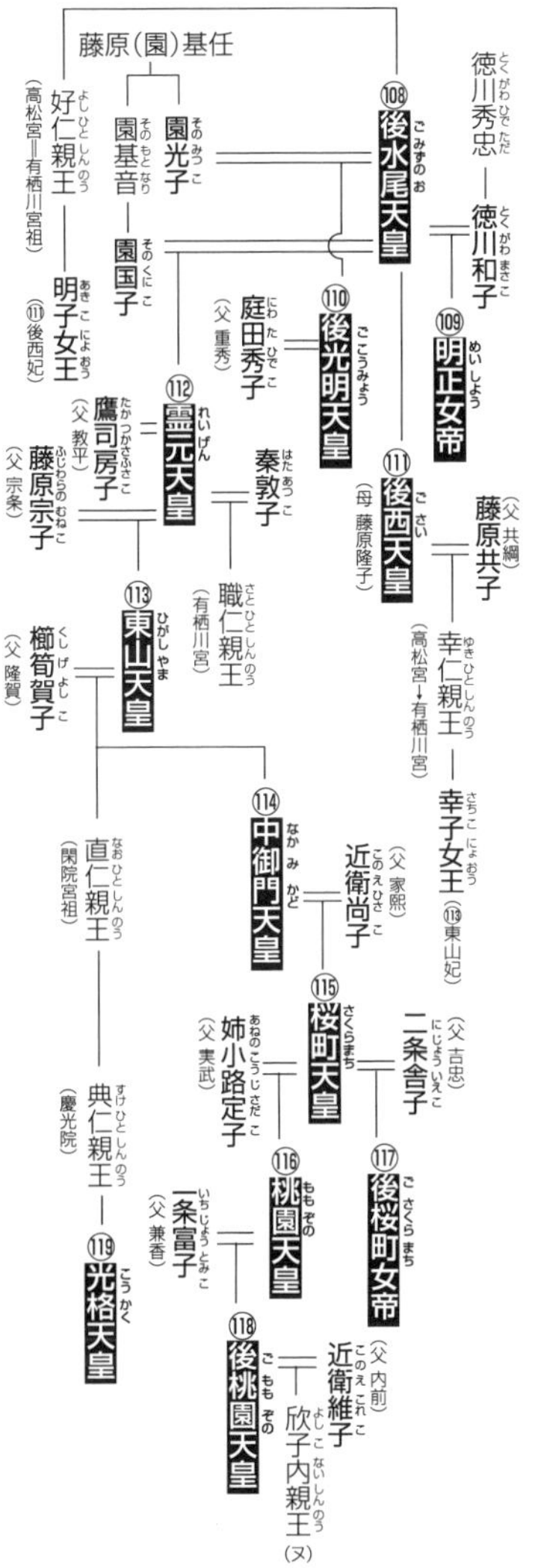

江戸時代後期～現代
（ほぼ18C後半～21C初）

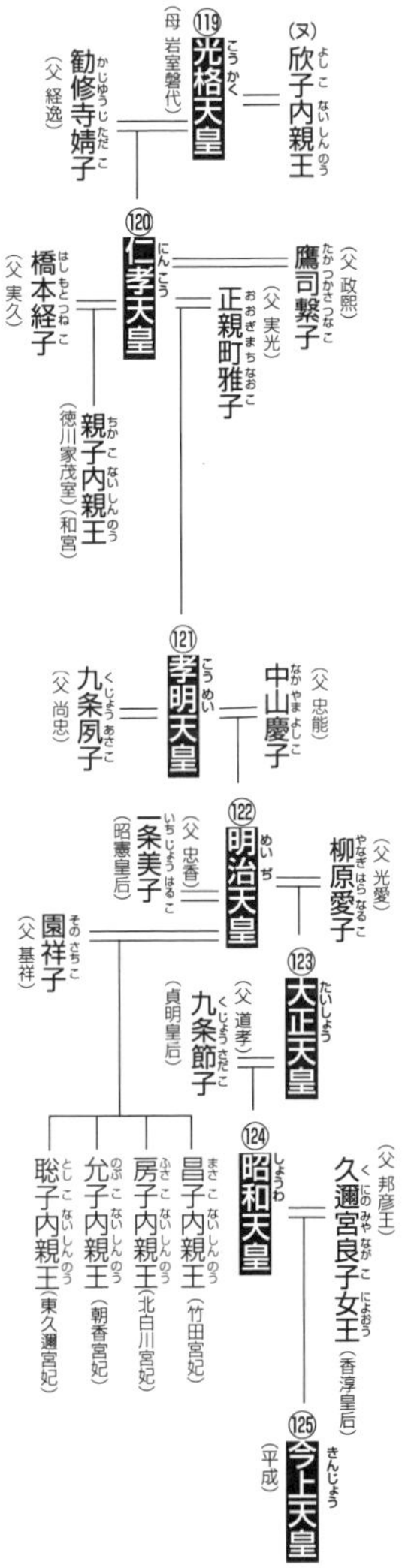

近現代の皇室と宮家
(ほぼ19C後半〜21C初)

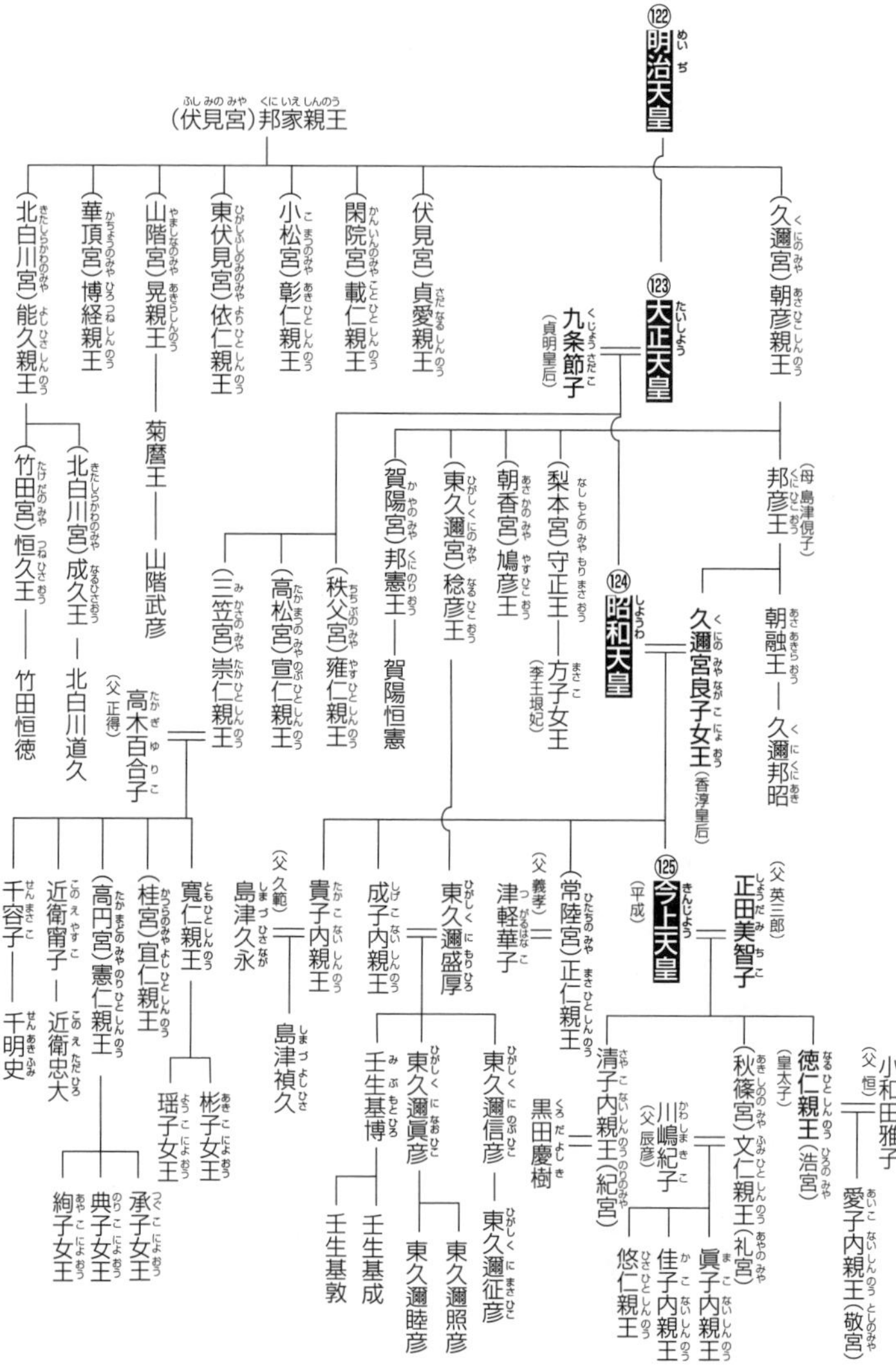

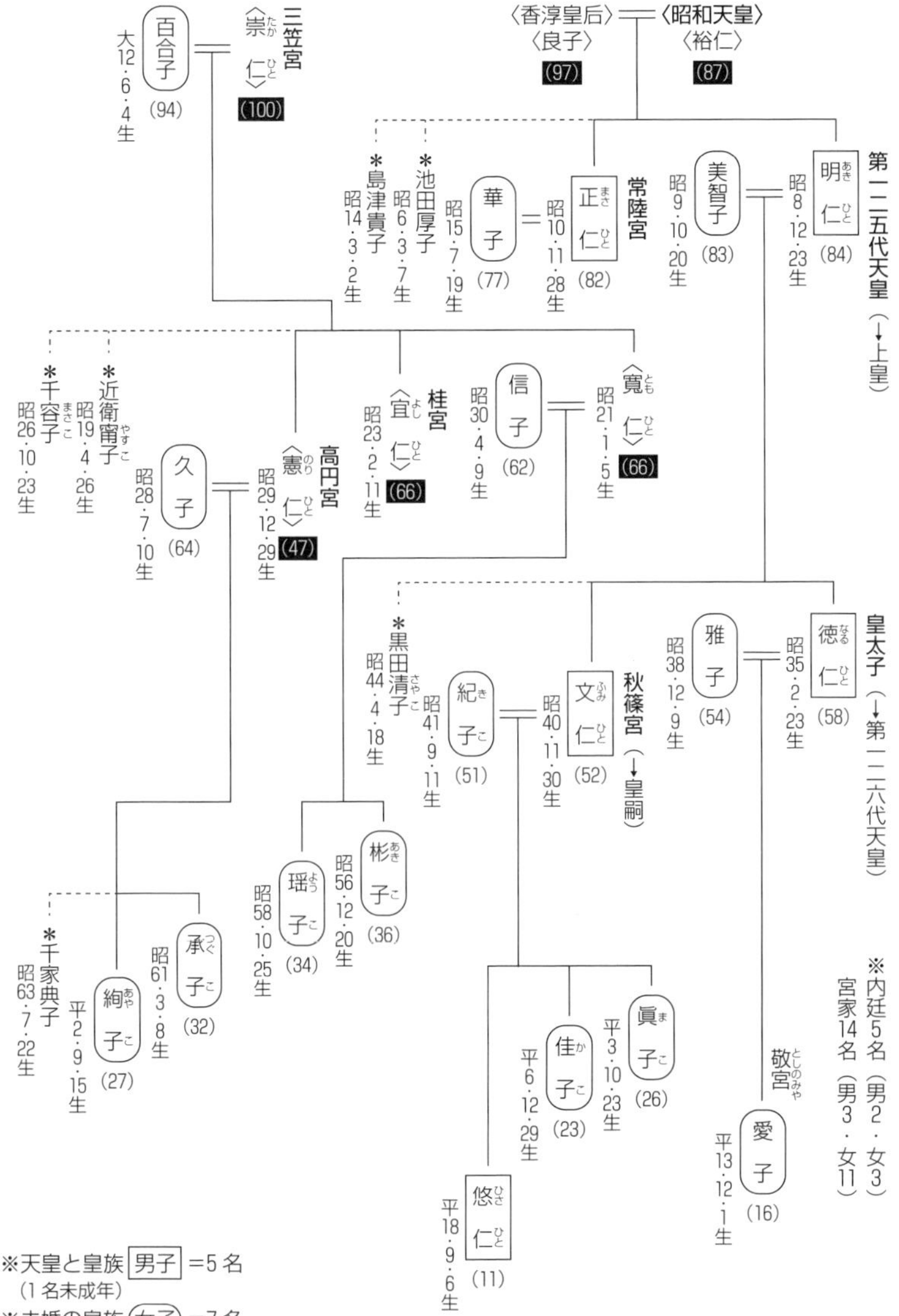

※天皇と皇族 男子 =5名
(1名未成年)
※未婚の皇族 女子 =7名
(内親王3名、女王4名)
※平成31年(2019)4月30日今上陛下退位→5月1日皇太子殿下即位の予定

平成30年(2018)3月現在の**皇室構成者**(全19名, 敬称略, 〈 〉内は故人, 点線＊は元皇族)

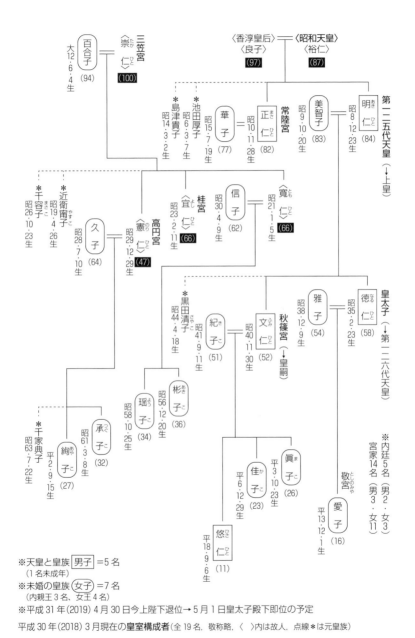

象徴としてのお務めについての天皇陛下のおことば（平成二十八年八月八日）

戦後七十年という大きな節目を過ぎ、二年後には、平成三十年を迎えます。
私も八十を越え、体力の面などから様々な制約を覚えることもあり、ここ数年、天皇としての自らの歩みを振り返るとともに、この先の自分の在り方や務めにつき、思いを致すようになりました。

本日は、社会の高齢化が進む中、天皇もまた高齢となった場合、どのような在り方が望ましいか、天皇という立場上、現行の皇室制度に具体的に触れることは控えながら、私が個人として、これまでに考えて来たことを話したいと思います。

即位以来、私は国事行為を行うと共に、日本国憲法下で象徴と位置づけられた天皇の望ましい在り方を、日々模索しつつ過ごして来ました。伝統の継承者として、これを守り続ける責任に深く思いを致し、更に日々新たになる日本と世界の中にあって、日本の皇室が、いかに伝統を現代に生かし、いきいきとして社会に内在し、人々の期待に応えていくかを考えつつ、今日に至っています。

そのような中、何年か前のことになりますが、二度の外科手術を受け、加えて高齢による体力の低下を覚えるようになった頃から、これから先、従来のように重い務めを果たすことが困難になった場合、どのように身を処していくことが、国にとり、国民にとり、また、私のあとを歩む皇族にとり良いことであるかにつき、考えるようになりました。既に八十を越え、幸いに健康であるとは申せ、次第に進む身体の衰えを考慮する時、これまでのように、全身全霊をもって象徴の務めを果たしていくことが、難しくなるのではないかと案じています。

私が天皇の位についてから、ほぼ二十八年、この間《かん》私は、我が国における多くの喜びの時、また悲しみの時を、人々と共に過ごして来ました。私はこれまで天皇の務めとして、何よりもまず国民の安寧と幸せを祈ることを大切に考えて来ましたが、同時に事にあたっては、時として人々の傍らに立ち、その声に耳を傾け、思いに寄り添うことも大切なことと考えて来ました。天皇が象徴であると共に、国民統合の象徴としての役割を果たすためには、天皇が国民に、天皇という象徴の立場への理解を求めると共に、天皇もまた、自らのありように深く心し、国民に対する理解を深め、常に国民と共にある自覚を自らの内に育てる必要を感じて来ました。こうした意味において、日本の各地、とりわけ遠隔の地や島々への旅も、私は天皇の象徴的行為として、大切なものと感じて来ました。皇太子の時代も含め、これまで私が皇后と共に行《おこな》って来たほぼ全国に及ぶ旅は、国内のどこにおいても、その地域を愛し、その共同体を地道に支える市井《しせい》の人々のあることを私に認識させ、私がこの認識をもって、天皇として大切な、国民を思い、国民のために祈るという務めを、人々への深い信頼と敬愛をもってなし得たことは、幸せなことでした。

天皇の高齢化に伴う対処の仕方が、国事行為や、その象徴としての行為を限りなく縮小していくことには、無理があろうと思われます。また、天皇が未成年であったり、重病などによりその機能を果たし得なくなった場合には、天皇の行為を代行する摂政を置くことも考えられます。しかし、この場合も、天皇が十分にその立場に求められる務めを果たせぬまま、生涯の終わりに至るまで天皇であり続けることに変わりはありません。

天皇が健康を損ない、深刻な状態に立ち至った場合、これまでにも見られたように、社会が停滞し、国民の暮らしにも様々な影響が及ぶことが懸念されます。更にこれまでの皇室のしきたりとして、天皇の終焉に当たっては、重い殯《もがり》の行事が連日ほぼ二ヶ月にわたって続き、その後喪儀《そうぎ》に関連する行事が、一年間続きます。その様々な行事と、新時代に関わる諸行事が同時に進行することから、行事に関わる人々、とりわけ残される家族は、非常に厳しい状況下に置かれざるを得ません。こうした事態を避けることは出来ないものだろうかとの思いが、胸に去来することもあります。

始めにも述べましたように、憲法の下《もと》、天皇は国政に関する権能を有しません。そうした中で、このたび我が国の長い天皇の歴史を改めて振り返りつつ、これからも皇室がどのような時にも国民と共にあり、相たずさえてこの国の未来を築いていけるよう、そして象徴天皇の務めが常に途切れることなく、安定的に続いていくことをひとえに念じ、ここに私の気持ちをお話しいたしました。

国民の理解を得られることを、切に願っています。

（宮内庁ホームページより）

※「おことば」の詳細な解説は所　功『象徴天皇「高齢譲位」の真相』（平成二十九年、ベスト新書）参照

所　　功（ところ いさお）
昭和16年（1941）生まれ。法学博士（慶應大学、日本法制史）。
現在、京都産業大学名誉教授、モラロジー研究所研究主幹。

橋本 富太郎（はしもと とみたろう）
昭和49年（1974）生まれ。博士（神道学、國學院大学、神道史）。
現在、麗澤大学外国語学部准教授、モラロジー研究所主任研究員。

久禮 旦雄（くれ あさお）
昭和57年（1982）生まれ。博士（法学、京都大学、日本法制史）。
現在、京都産業大学法学部准教授、モラロジー研究所客員研究員。

後藤 真生（ごとう なおき）
平成3年（1991）生まれ。修士（京都産業大学）。現在、麗澤大学大学院学校教育研究科修士課程在学、モラロジー研究所研究助手。

皇位継承の歴史と廣池千九郎

平成30年(2018) 4月30日　初版発行

著　者　所　功／橋本富太郎／久禮旦雄／後藤真生
発　行　公益財団法人 モラロジー研究所
〒277-8654 千葉県柏市光ヶ丘2-1-1
TEL.04-7173-3155(出版部)
http://www.moralogy.jp/
発　売　学校法人 廣池学園事業部
〒277-8686 千葉県柏市光ヶ丘2-1-1
TEL.04-7173-3158
印　刷　横山印刷株式会社

ISBN978-4-89639-262-3